大思维

HOW TO INNOVATE

哥伦比亚商学院六步创新思维模型

[美] 希娜·艾扬格 著
Sheena Iyengar

风君 译

THINK BIGGER

中信出版集团 | 北京

图书在版编目（CIP）数据

大思维：哥伦比亚商学院六步创新思维模型 /（美）希娜·艾扬格著；风君译 . -- 北京：中信出版社，2024. 9. -- ISBN 978-7-5217-6754-4

Ⅰ . F0-49

中国国家版本馆 CIP 数据核字第 2024YM2110 号

Think Bigger by Sheena Iyengar
Copyright © 2023 Sheena Iyengar
Published by arrangement with Columbia University Press through Bardon-Chinese Media Agency 博达著作权代理有限公司
Simplified Chinese translation copyright © 2024 by CITIC Press Corporation
ALL RIGHTS RESERVED
本书仅限中国大陆地区发行销售

大思维——哥伦比亚商学院六步创新思维模型

著者：　　［美］希娜·艾扬格
译者：　　风君
出版发行：中信出版集团股份有限公司
　　　　　（北京市朝阳区东三环北路 27 号嘉铭中心　邮编　100020）
承印者：　嘉业印刷（天津）有限公司

开本：880mm×1230mm　1/32	印张：9.5　　字数：187 千字
版次：2024 年 9 月第 1 版	印次：2024 年 9 月第 1 次印刷
京权图字：01-2024-3736	书号：ISBN 978-7-5217-6754-4
	定价：65.00 元

版权所有·侵权必究
如有印刷、装订问题，本公司负责调换。
服务热线：400-600-8099
投稿邮箱：author@citicpub.com

本书献给伊桑

目录 CONTENTS

前言 从《选择的艺术》到《大思维》…Ⅲ

Part 1 第一部分
作为方法的大思维技术

01 什么是"大思维"…003

02 定义创意大脑…041

Part 2 第二部分
构建你的大思维系统

03 第一步：选择问题…077
你想要解决什么问题

04 第二步：分解问题…109
组成你问题的子问题有哪些

05 第三步：比较需求…133
相关决策者的动机和偏好是什么

06　**第四步：在框内和框外搜索** ⋯161
　　　　迄今为止已经尝试了哪些解决方案

07　**第五步：选择地图** ⋯203
　　　　不断重新构想新的策略组合

08　**第六步：第三只眼测试** ⋯237
　　　　其他人是否见你所见

致　谢 ⋯263
参考书目 ⋯269

前言

从《选择的艺术》到《大思维》

当你遇到问题而又找不到已知解决办法时,你会怎么做?《大思维》一书将一步步向你展示,如何针对你所面临的任何复杂问题做出有意义的选择。

我先前的著作《选择的艺术——为什么我选的不是我要的?》总结了我多年来对一个关键问题的研究心得:我们如何从选择中获得最大收益。在那本书中,我描述了我们在不同选择中所面临的各种困境,以及我们如何才能更好地从一堆选择中发掘并挑出最佳选择。但有时,我们会面临一个更大的问题:根本没有可选项。我们必须创造新的选择,而不是从已知的选项中做出选择。

在我的成长过程中,因为双目失明,我一次又一次地面对这个"更大的问题"。我能学会做饭吗?我能独自环游世界吗?我能成为科学家吗?我能登台表演吗?今天,我知道这些问题的答案都是"能",而且我已洞悉隐藏在问题背后的方法。这些认知既源自我个人的奋斗,也来自问题解决领域诸多相关新研究所积累的宝贵经验。本书便是两者结合而来的成果:一种通过创造新选择来解决各种复杂问题的方法。我将这种方法称为"大思维"

(think bigger)。

  大约10年前，也就是当我成为哥伦比亚商学院创业中心主任时，我便正式着手这项工作。我注意到，我们有许多关于创业的课程都是教学生如何实现一个新创意，而不是如何首先获得这个创意。须知创意和创意也是不同的，就像各种选择也不可相提并论。我发现，创新领域虽提供了一些获得新创意的方法，但这些方法都是半个多世纪以前的老皇历了。它们未能囊括神经科学领域最近取得的突破，即"学习+记忆"模式。正是这一突破让我们真正洞悉了想象力在人类大脑中是如何运作的。

  本书会为你巨细靡遗地介绍"大思维"这套方法。第一部分给出了相应理论，第二部分则解释了构成该方法的六个步骤。致谢则列出了过去几年在哥伦比亚大学帮助我开发、测试和改进"大思维"方法的众多人士。

  我已经开始将"大思维"作为一门正式课程教授给我的商学院学生。他们的创意非常引人入胜，我想从业者可能也想听听，于是我邀请了来自医药、金融和零售等不同领域的专家来倾听我的学生们所提出的创意。对我的学生们所展现的思考问题和解决问题的方法，这些经验丰富的专业人士不约而同又一而再，再而三地用同一个词来加以形容：赋能。

  就在那时，我脑海中灵光一现。我意识到"大思维"的价值绝不仅限于课堂之上。这世上形形色色的人都希望能有新的思维方式，来为他们所面临的复杂问题找到解决办法。无论政治立场或人生阅历如何，我想我们都会同意，我们的世界急需更多创新。

在人类奋斗的各个领域，甚至在个人生活中，都不乏通过学会运用"大思维"来解决各种创新问题的成功故事。在本书中，我将向你展示如何有意识地形成创造性的想法——最重要的是，一旦对创造性解决问题的路线图了然于胸，任何人都可以发挥创造力。最后，我希望本书能帮助我们摆脱那种认为创造力概念仅属于少数超凡脱俗者的过时范式，让更多人得到创造力的青睐。

Part 1
第一部分

◇ **作为方法的大思维技术** ◇

创新背后的
问题意识

01 什么是"大思维"

"她"可是个大创意

我住在纽约曼哈顿，这座小岛总能以其独特的魅力激发我们的想象力——这是我们在汲汲营营的日常生活中常常忽略的自身部分，是富有创造力的那部分。当然，这是身为纽约人便不可避免的日常。我们深陷其中，不能自拔，如果我们能让自己保持这种快节奏的运行又免于失控，那么一切人生目标似乎都可能达成。要想在这样的忙碌生活中不致迷失方向，就必须培养自己的复原力，并发现一些让自己得以喘息的安静平和的时刻。

对我来说，这样的"停航时刻"出现在清晨，纽约的清晨即使在夏天也有几分寒意。我喜欢在这个世界还未苏醒的时候出门骑车——那时街道相对宁静，城市里的冷冽空气依然刺骨。我骑车的时候，都是和朋友结伴而行。面对如此多令人眼花缭乱的路线，我更喜欢选一条熟悉的路线骑行，沿着哈得孙河，朝着这座刚从沉睡中醒来的小岛的南端骑去，目标就是在日出前到达我们常去的目的地。

无论我们多少次踏上这样的旅程——一趟朝圣之旅，我发现自己始终对那个在我们的目的地等待我们的存在充满敬畏。我是个盲人，所以这段经历是在我的脑海中展开的，由我的各种非视觉感官以及我以往所读到和听到的描述引导。

夜色逐渐褪去，空气变得更为清新，更带暖意，第一缕阳光在我们面前投下一道粉红色的光芒。随着光束穿过港口，它的颜色也逐渐从单一的粉色变得五彩缤纷，令水面为之泛起粼粼波光，也渐次照亮了对岸建筑物的边缘。尽管这番光影变化堪称绚丽夺目，我的注意力却被一个高挑的身影吸引，她的面容坚毅而神秘，若以"美丽"来形容她，那简直是一种贬损。她的朦胧剪影像阳光一样空灵深远，这时阳光追上了我的视线，慢慢将她照亮，从基座，到身体，再到头顶的冠冕。啊，多么壮丽的冠冕！当阳光照到光环上的七个尖芒时，每一个都向外迸发强烈的光芒。它们看起来就像烧到白热的钢锭，散发的光热穿透了清晨的浓雾。只是除了光，它们不会留下任何残迹。过了一会儿，灼灼的阳光沿着她那熠熠生辉的冠冕继续向上蔓烧，终于照及她那高擎着燃烧火炬的右臂，而这也标志着我们清晨之旅的结束。

你可能会认为纽约人早已对自由女神像（见图1.1）审美疲劳了，我也相信很多人确实如此。但我仍能从我们的港口女神那里获得力量和平静。当我还是个孩子的时候，每年学校都会组织游玩活动。参观自由女神像时，我的视力已经开始丧失，也许我从未亲眼见过她。即使我亲眼见到了，所见的也只是一个巨大的

图 1.1 以曼哈顿天际线为背景的自由女神像

模糊轮廓——甚至近距离看,她也依旧是一个由众多较小的模糊物体组成,对我来说难以彼此连贯的混杂集合体罢了。不过,她的巨大还是给我留下了深刻的印象——雕像本体高 46 米,置于一个 47 米高的基座上,重达 204 吨。我还记得,当我沿着其内部看似没有尽头的蜿蜒阶梯,一步一步艰难地爬上她的冠冕时,我仅凭自己的双脚便能感受到她拔地倚天的高度。

当我身处雕像内部时,我曾好奇她究竟从何而来,所幸如今这对我们已不算什么秘密。法国雕塑家巴托尔迪创作了她,作为法国送给美国的礼物,以感谢美国向世界展示民主典范。他花了 9 年时间才打造完成这座雕像。我不知道在建造过程中,巴托尔迪是否想过，有朝一日每年会有近 500 万访客来瞻仰她，甚至包括来自世界各地的政要代表团。迄今为止，她已成为世界历史上最著名的雕塑之一。而对我这个移民家庭的孩子来说，她是一个巨大的象征，象征着一切充满希望的事物。时至今日，每当我听到那铭刻在雕像基座之上的埃玛·娜莎罗其的著名诗句时，我仍然会热泪盈眶，那仿佛是以自由女神之口宣读的言语：把你的疲乏困倦交给我，把你的贫穷疾苦交给我，那渴望自由呼吸的蜷缩身躯……

多年来，我对自由女神的关切和信仰发生了质的变化，但未有分毫减弱。我开始欣赏她所体现的伟大的其他方面，并更能洞悉自由女神之所以为自由女神的本质。例如，我们都知道她是美国最重要的标志之一。我们还知道，她也是宽容、自由和潜能的重要世界性象征。她在某种程度上既坚毅又怜恤众生，她的意义既可以是为人们所共有的，也可以是限于个人的，既可以是多重的，也可以是单一的。

关于她为人们带来的灵感，已有太多的文字流传，在此无须赘述，我们却很少谈论一个问题：是何种灵感启发了自由女神像本身的创作。这样一个非凡的事物是如何被构思出来的？一个像我这样对自由女神像赞叹不已的孩子，如何才能学会创造既像她又不像她的事物：一种既受类似著名物品的启发，却又独一无二的新事物？换句话说，我们究竟如何获得最佳创意？而一旦有了一个创意，我们又如何知道我们是否应该实现它？

这就是本书所要展现的内容：如何将不同的碎片拼凑在一

起,创造属于我们的"大创意"。

现代科学,尤其是神经科学和认知科学,正在向我们揭示创意是如何在人类头脑中形成的。我们正在学习如何重现雕塑家巴托尔迪以及历史上其他伟大创新者头脑中所发生的事情。在此,我将这一系列新知识精炼为一个六步法,并以"大思维"之名呈现给大家。大思维能让你做到巴托尔迪做过的事:产生、识别和孕育你的最佳创意。它能让你根据自己的情况,用自己的方式,在自己的时间安排里做到这一点。在这个方法的每一步中,我都会借助相关的科学知识和众多具有启发性的例子来解释我的基本原理,并向你展示如何将这些知识付诸实践。

一个灵感的由来

自由女神像的创意始于巴托尔迪本人。他于1834年出生在靠近法德边境的法国小镇科尔马。巴托尔迪两岁时,他的父亲就去世了,留下母亲独自抚养他和弟弟。在发现了他在艺术上所绽放的才华后,他的母亲决定举家迁往巴黎,好让他有机会从事艺术创作。

在巴黎,勤奋刻苦的巴托尔迪在各个行当摸爬滚打,以学徒身份拜师学艺,曾在画家阿里·谢弗和建筑师让-弗朗索瓦·索伊图手下工作。没过多久,他的努力就得到了回报。1853年,年仅18岁的巴托尔迪的雕塑作品有幸在巴黎沙龙展出。两年后,沙龙再次邀请巴托尔迪随一个艺术家代表团前往埃及,研究该国的古代艺术。在埃及，最令巴托尔迪震惊不已的是这些古代作品的宏大规模。他惊叹于守护皇家陵墓的雕像之庞大，并为之深深着迷，其巨大身影竟似时刻浮现在他眼前。浮想联翩之际，一个梦想在他的脑海中成形：他要创造属于自己的恢宏巨像。

1867年，他的机会来了，当时苏伊士运河的建设者邀请各雕塑家为运河入口设计一座灯塔。他们希望这座灯塔既能发挥灯塔的实用功能，又能成为代表这个通往亚洲的新门户的地标景点。巴托尔迪设计了一个身着涡流状长袍的巨型女性形象，她手持火炬，为人们指引通往运河外世界的道路。他将这座雕像命名为"埃及之光照耀亚洲"。最后，建设者否决了所有的艺术提案，只建造了一座普通的灯塔。回到巴黎后，巴托尔迪为他的雕塑草图找到了另一个用武之地。他的挚友爱德华·德·拉布拉耶是法国国民议会议员、法国反奴隶制协会主席，后成为终身参议员。拉布拉耶认为，美国在独立战争中的胜利，以及南北战争中北方的获胜是民主的胜利，可以鼓舞其他国家，尤其是他自己的国家。他提议由法国人民出资建造一座雕像，作为赠送美国的礼物，以体现这种鼓舞之情。他请巴托尔迪出马设计这座雕像。

从那时起，这两位好友就开始筹集建造雕像所需资金。这项浩大工程的成本是25万美元，约合今天的550万美元。他们走遍法国，呼吁每个人尽其所能进行捐款。最后，将近16万法国公民解囊相助，其中有穷有富，包括农民、女佣、企业主和其他艺术家各色人等。对拉布拉耶来说，这种体现民主精神的资金来源是整个构思的基础，也充分体现了这个未来建造项目的精神。

1871年，拉布拉耶和巴托尔迪前往美国为雕塑选址和筹备。贝德罗岛（现名为自由岛）很快被确定为巴托尔迪实现其理想的完美地点，因为它是进入纽约港后整体景观的中心所在。巴托尔迪宣布，该岛将成为"通往美国的门户"。这是一个向世界展示自由的绝佳场所。

地点确定后，两位好友便开始在全美筹款。为了吸引民众，巴托尔迪带着自由女神一条已完成的手臂进行巡回募捐，观众只需支付50美分，就可以沿着手臂通过梯子爬到手臂所擎着的火炬上。他们最终将这条手臂安放在曼哈顿的麦迪逊广场花园，并让其在那里矗立了6年。其间总计约有25万人攀上过这条手臂。

1886年10月28日，在自由女神像的灵感涌现20年后，巴托尔迪终于向全世界揭开了这座雕像的面纱，这也让他从此彪炳史册。自由的标志性象征就此诞生。

史书上记载的故事到此为止。这确实是一个鼓舞人心的故事。我们爱听这样的故事，因为我们可以把自己想象成像巴托尔迪那样的英雄，踏上征程，克服重重阻碍，最终实现追求已久的梦想。这让我们不禁遐想，是否有一天我们也能成就一番伟大的事业。

目前为止，一切都很圆满。且让我问你一个不同的问题，我希望你在回答之前认真思考，你该如何开始追求梦想的旅程？

你看，这些英雄故事有两个关键因素：天才的创意和不懈的努力。你可以想象自己不懈努力的部分：你努力工作，让梦想成真。但最初的部分，也就是创意灵感从何而来？你能随便选择一个梦想，然后仅凭努力让它成真吗？当然不能。你必须认真选择你的梦想。但怎么选呢？怎样才算一个好创意？你又该如何获得一个好创意呢？

遗憾的是，传统的英雄成就叙事跳过了这一部分。产生创意的过程本身仍然是一个小黑盒，既不透明，也无法打开。除非你是个创意天才，那么这盒子就会像变魔术一样自行打开。但对我们其他人来说，想要一窥盒子内部究竟的努力全是徒劳。如果我们不是那极少数天选的幸运儿之一，我们就对这一过程无能为力。至少我们一直是这么被告知的。

而我在本书中将告诉你，我们一直以来被灌输的观念是错误的。无须什么神奇的魔法钥匙。任何人都可以打开这个创意的黑匣子——你只需要对助你实现"破局"的思维方式、过程及其所涉及之人有简单认识即可。如果你想了解这种"关于创新的创新"如何助你走上释放创意潜能、产生伟大创意的道路，我邀请你与我一道开启本书的旅程。在接下来的 8 个章节中，我将向你展示如何做到这一点。

打开创意黑匣子

我想让你想象一只幻想动物。不，不是龙，不是凤凰，也不是独角兽——它应该是一种全新的动物。拿起一张纸和一支笔，画出你的作品。

完成了吗？现在，看看你的画。你看到了什么？它有眼睛吗？它有胳膊、翅膀或腿吗？那尾巴呢？

我进行过上千次这样的练习，对象从小学生到《财富》500强公司的高管，不一而足。因此，我可以预测，你笔下的生物至少有一种我们熟悉的构成要素。即使我们尝试想象不可思议的事物时，我们也不会凭空创造完全陌生的东西。每当我们创造时，我们总是会有意无意地借鉴我们已知的东西。这些构成要素并不是新的，它们的"组合"才是新的。

从我们画出的图像，到我们说出的句子，再到我们为解决日常问题而创造的解决方案，作为人类，我们无时无刻不在创新。我们从自身积累的经验和对周围世界的观察中学习，将其分解成碎片，并利用这些知识碎片拼凑出新的想法。这就叫锦上添花！

这正是巴托尔迪在自己脑海中想象他的巨像时所做的。他从未告诉过我们他是如何产生这个想法的，而且很有可能连他自己都没有意识到自己在做什么。但是，现代科学已然告诉了我们，大脑是如何创造新想法的，这也让我们明白巴托尔迪是如何结合各种要素，创造他的新组合的。

那么，就让我们来回答一下"巴托尔迪是如何获得灵感的"这个问题。还记得巴托尔迪的第一个灵感来源——古埃及的巨型墓葬雕塑（见图 1.2）吗？

后来，在苏伊士运河入口修建灯塔的呼声促使他绘出了一个以火炬为灯塔照明的巨像（见图 1.3）。正如我们在图 1.3 中看到的，那时他已经接近他对自由女神的构思了。

然后，巴托尔迪让雕像换了一只手拿火炬，并让其另一只手

图 1.2 埃及阿布辛贝神庙展示的埃及第十九王朝第三任法老拉美西斯二世的雕像，拉美西斯二世以其成功的军事行动及其建造的大量纪念庙宇闻名于世。神庙位于尼罗河西岸，开罗以南

资料来源：维基共享资源（Wikimedia Commons）

图 1.3 巴托尔迪的《埃及之光照耀亚洲》水彩画（1869 年）

资料来源：维基共享资源

臂在肘部弯曲，以握住一个关键物品。我们可以在与巴托尔迪设计自由女神同时期的儒勒·列斐伏尔的一幅画作《真理女神》中找到这些要素（见图1.4）。

那么，自由女神头顶所戴的由7个尖芒组成光环的那顶冠冕又从何而来呢？这是巴托尔迪在自己口袋里的一枚5法郎银币背面发现的（见图1.5）。这是法兰西第二共和国的印玺，该共和国

图1.4 儒勒·列斐伏尔创作的布面油画《真理女神》（1870年）

资料来源：维基共享资源

图1.5 大印玺的正面，1848年得到采用。位于印玺正面的自由女神像的头饰与40年后法国人民献给美国的自由女神像（又名"自由照耀世界"）的头饰相似

资料来源：维基共享资源

于 1848 年推翻了奥尔良王朝末代国王。印玺上的人物是罗马自由女神利贝塔斯的一个形象。

最后但同样重要的是自由女神的那张面孔——我们能从这张神秘莫测而威严的面孔中看出什么端倪呢？其实这正是巴托尔迪刚出生时所凝视的面孔。许多评论家都注意到，巴托尔迪母亲的面孔（见图 1.6）与自由女神的有着惊人的相似之处，而且巴托尔迪一生都与母亲保持着亲密的关系。当被问及他母亲的面孔是不是自由女神的灵感来源时，巴托尔迪并没有否认。

图 1.6 夏洛特·巴托尔迪的肖像

资料来源：格兰杰学院（Granger Academic）

现在我们可以回答巴托尔迪是如何构想出自由女神像的了。自由女神像的大小和形态与守护埃及陵墓的巨像相仿。她的作用和定址方式与苏伊士运河灯塔相仿。她摆出了《真理女神》一画中人物的姿态，戴着利贝塔斯女神的冠冕，拥有与她相同的名号和象征意义。她还有着巴托尔迪母亲的面孔，这些灵感来源可见于图1.7。

我们可能更愿意相信，艺术创作不同于其他日常创作行为。绘制一幅旷世杰作理应与拟定一周的购物清单或求解数学公式之类截然不同。艺术家比我们更伟大——他们一定拥有某种神奇的能力，能在脑海中架构出完全摆脱过去或现在之桎梏的想法。他们创造的一切都是全新的，不是吗？好吧，你最爱的杰作可能确实会给你全新的感觉。它甚至可能给你带来全新的人生视角。但是，在我们所欣赏的每一件艺术作品中，仍会有一种难以捉摸，但又不可否认的熟悉感。

想想20世纪最著名的艺术家巴勃罗·毕加索的作品吧。毕加索是当代最多产的艺术家之一，据估计，他一生共创作了5万件艺术作品。他善于以大胆、扭曲的人物形象作为自己的独特风格，这令现代艺术流派广受关注。他的这种独特风格从何而来？公众的答案很简单：毕加索是个天才。这种风格就像魔法一样从他脑子里冒了出来。但实际上，与巴托尔迪一样，毕加索所做的也是将之前存在的要素组合起来而已。

请看下面两幅自画像（见图1.8和图1.9）。

请注意这两幅画的不同之处：图1.9中的画作创作于1907

大思维

图 1.7 a-f 巴托尔迪创作自由女神像的一系列灵感来源与雕像本身的对比

图 1.8 毕加索"蓝色时期"的表现主义自画像（1901 年），布面油画
资料来源：视觉中国

图 1.9 毕加索"黑人时期"的表现主义自画像（1907 年），布面油画
资料来源：视觉中国

年，与图 1.8 中的画作相比，貌似是由完全不同的艺术家创作的。图 1.9 中的画作呈现的是毕加索的成名风格，图 1.8 的则不是。在这 6 年间，是什么导致了这种风格上的变化？

好吧，从 19 世纪中叶开始，艺术家们遇到了一个难题。过去，他们一直以绘制栩栩如生的写实肖像和风景画谋生，富人和不那么富有的人都会买几幅这样的画作装点门面。然而在 1825 年左右，相机面世了，在接下来的几十年里，照片日益清晰、廉价和快捷——于是人们开始购买照片而不是画作。到 19 世纪末，一种新风格的出现解决了这一问题：印象派。乍一看，一幅印象派画作就像一张照片。但当你走近细细观摩时，你就会发现画中的景物逐渐分解成独立的笔触，从而呈现出画家想要表达的特定印象。从风格上讲，这是相机无法做到的。

　　回过头再看看这两幅肖像画。毕加索于1901年完成的自画像还算不上印象派，但1907年的自画像已经有了足够的变形失真，你必须站得非常远才会误以为这是一张照片。

　　毕加索成长为画家时，印象派已经成为主流绘画风格。少数画家尝试以一些小手法加以突破，比如乔治·修拉，他将单一笔触分解成更小的"点"，还有凡·高，他将单一笔触加以旋转，使其成为具有催眠效果的色彩波。但亨利·马蒂斯是第一个彻底打破笔触和点等小绘画单位的整体观念的人。他在场景中使用大块的色彩，他称之为"volume"，来展示那些在颜色和形状上都非常扭曲的可识别人物。从绘画技艺上看，他通过使用半抽象的色块来实现风格的突破。

　　马蒂斯采用这种新风格创作的第一幅巨作是《生活的欢乐》。1906年春，这幅画在巴黎的一个独立画展上展出。它吸引了大批观众，并成为巴黎艺术界一时的谈资。毕加索此前从未见过马蒂斯，但他们都是格特鲁德·斯坦因的座上宾，她因现代主义写作和在其巴黎寓所举办的沙龙闻名，许多现代画家，还有包括欧内斯特·海明威、F.斯科特·菲茨杰拉德和埃兹拉·庞德在内的诸多作家都曾现身于这个文化沙龙。

　　毕加索前去观摩了《生活的欢乐》，然后请斯坦因把他引荐给马蒂斯。于是她带马蒂斯参观了毕加索的画室。这两位画家后来又在斯坦因的沙龙上第二次见面，毕加索正是在那一时期确立了自己的风格。

在这次命运攸关的会面中，马蒂斯带来了一件非洲雕塑。那是一个来自刚果的维利人面具。当时，巴黎的艺术品商店刚开始从法国的这个非洲殖民地进口艺术品，而那些前卫艺术家一直在探究这种文化的影响。毕加索后来邀请马蒂斯共进晚餐时，马蒂斯也带来了这件雕塑。就在巴黎的咖啡馆里，毕加索将从《生活的欢乐》和维利人雕塑中获得的灵感汇集起来，创造自己的新风格。

那天晚上，他回到画室开始作画。这幅画便是《亚威农少女》，其至今仍然是现代艺术中最著名的画作之一。在这幅画中，我们可以清楚地看到毕加索的两个灵感来源（见图1.10）。

毕加索从不承认他欠马蒂斯的情。他沉迷于营造一种独一无二的创作天才所带来的神秘感。而马蒂斯却乐于引用他的创作灵感源泉。在创作《生活的欢乐》时，他特别借鉴了塞尚的《浴女们》和中世纪伊朗的波斯细密画（见图1.11）。

现在，我们了解了这三位伟大的艺术家（巴托尔迪、毕加索和马蒂斯）是如何获得他们的创意的，他们所做的似乎只是把他们所看到的用新的方式组合起来。但真的有这么简单吗？首先，让我明确一点：说他们组合既有事物，这绝非贬低他们的才华或成就。这只是解释了他们是如何做到创新的，而不是将此归功于"独一无二的创意天才"所独有的神奇思维。与所有成功的创新者一样，他们本质上是"策略性模仿者"。我的意思是说，他们从成功的范例中学习，提取其中行之有效的碎片，设想出使用这些碎片的新方法，然后将它们结合起来，以创造新的、有意义的东西。

图 1.10 毕加索的两个灵感来源及其代表作

（a）亨利·马蒂斯的《生活的欢乐》

资料来源：©2022 继承自 H. 马蒂斯 / 艺术家权利协会（ARS），纽约

（b）亨利·马蒂斯买下了这个由刚果维利人创作的雕塑，它对他和他的朋友巴勃罗·毕加索都产生了巨大的影响

资料来源：巴黎马蒂斯档案馆

（c）巴勃罗·毕加索 1907 年的画作《亚威农少女》，这是立体主义这一传奇艺术运动的第一幅成名绘画

资料来源：视觉中国

01 什么是"大思维" 021

图 1.11 马蒂斯的两个灵感来源及其代表作

（a）保罗·塞尚 1905 年的画作《浴女们》

资料来源：费城艺术博物馆；由 W. P. Wilstach 基金购买，1937，W1937-1-1。维基共享资源

（b）波斯细密肖像画上的天使亚当

资料来源：维基共享资源

（c）亨利·马蒂斯的《生活的欢乐》

资料来源：©2022 继承自 H. 马蒂斯 / 艺术家权利协会，纽约

所谓创新，无非是旧想法的新组合。然而，我们从个人经验中知道，并非所有的想法都可等量齐观。通常情况下，人们会经历一个又一个想法不断涌现又渐次消失，如此循环往复的体验，到头来却发现其中最出彩的想法只称得上平庸无奇。这就是为什

么我们会钦佩艺术杰作背后的天才。即使我们能把他们的伟大创意分解，列出各个构成要素，以明确他们是如何将这些要素组合起来的，他们的整体创造也依旧比单个部分的总和更富有意义。这正是每一项成功创新的标志：无论是你奶奶拿手的美味苹果派，你口袋里的苹果手机，还是一件伟大的艺术品，都是如此。

法国科学家和数学家亨利·庞加莱在其1913年出版的《科学的基础》一书中解释了如何产生好的创意："发明在于避免构建无用的组合，在于构建为数不多的有用组合……发明就是辨别，就是选择。"

我们每个人都能创造无穷无尽的创意组合，让我们权且称之为"选择"。创造一个有价值的新选择需要极强的辨别力。你必须将你已经确定的选择和你可以采取的路线挑选出来，使你的构想成为现实，而这并不是一件易事。你可以拿来组合的碎片不胜枚举，你可以组合这些碎片的方式也无穷无尽，是创造者的辨别力决定了在无数组合中，应该加以保留的是哪一个。

创新的一般定义是"新的和有用的东西"。顾名思义，每种组合都是新的。这对创新来说是简单的。难的是找出一个既有用处又高质量的组合。那么，我们如何才能创建最有用的组合呢（正如庞加莱所指出的，这种组合为数不多）？这就是本书要回答的问题。

现在，我们可以对创新的定义加以完善：对既有想法的新颖且有用的组合，以解决复杂问题。

这个定义呼应了经济学家约瑟夫·熊彼特提出的一个更早的

论述。熊彼特今天被称为创业研究的创始人,也是"创造性破坏"概念的提出者。在熊彼特看来,创新的作用是"创造手段,将我们力所能及的事物和力量结合起来"。

在大思维中,我将重点放在针对既定问题的创新上。有些创新看似凭空出现,但实际上,即使是那些创新者也需要明了他们的创新如何解决一个特定的问题。用庞加莱的话来说,如果不能解决问题,那它就不是一个"有用的组合"。因此,敏锐的创新者会自行忽视那些无法解决问题的创新。只有能解决问题的创新,才值得你付诸行动。

在大思维中,你首先要确定并定义一个你想要解决的问题。即使对艺术创新也不例外。巴托尔迪的问题是如何通过雕塑来象征自由和民主,毕加索的问题则是如何在印象派之外找到一种为公众所喜闻乐见的独特表现风格。

如果你在艺术家创作时与他们交谈,他们会告诉你,他们是如何通过解决一系列问题来完成创作的。当然,就毕加索的例子而言,他们也可能不会对你和盘托出。

最重要的是,大思维为个人,也就是你,提供了一条获得更好创意的途径。你也可以作为一个团队来完成每一步,但须始终按照同一顺序:首先每个人单独完成,然后汇总为团队成果。

我们将看到,其他大多数"创新方法"都是依靠团队而非个人来实现实际创意的。也就是说,它们跳过了创意如何在人脑中形成的问题,只是简单地说,把许多人的想法拼凑在一起就能产生创意。正如我们从自由女神以及其他所有真实的创新案例中看到的那样，现实世界中的创意并非如此而来。是的，巴托尔迪在每个阶段都需要他人的帮助，既需要他们提供灵感，也需要他们帮助实施创意。但最重要的创新步骤发生在他自己的脑海里。有道是"人多好办事"，但也有一个说法是"谋可寡而不可众"。也就是说，团队是为工作而存在的，而不是为思考而存在的。

所以，如果一个团队一起进行大思维，每个人都有了更好的想法，其总和自然也会更好。如果一个团队不遵循大思维原则，每个人的创意就会减损，整体的创意也就乏善可陈了。

在整个思维方法的演示中，我会像先前对待毕加索、马蒂斯和巴托尔迪的例子那样，通过分解来揭示创新的过程，就好像这一过程是创新者有意为之一般。而实际上，如果你问巴托尔迪是如何获得灵感的，他可能也答不上来。那些灵感稍纵即逝，而他把更多心思花在了实现自己的想法上，而不是思考自己当初是如何获得灵感的。毕加索则与巴托尔迪形成了对比，他显得老谋深算，对自己在做什么心知肚明，只是未必会告诉你。

在大思维中，我们会保持对每一个心理步骤的刻意关注，因为只有这样，我们才能在今后的其他创意过程中重复这些步骤。我们致力于打开产生创意的黑匣子，让所有人都可以进行解决问题的实践，并且使这些实践可以重复。大思维使任何人无论身处何处都能解决问题，无论这些问题是个人的、专业的还是普遍的。通过这种审慎的思维，我们可以加快寻找解决方案的进程，而不是坐等想法自发产生。通过向更多人提供大思维工具，我相信我们也将更有望帮助自己，无论是个人还是集体，为当今世界面临的最大问题创造解决方案。

大思维为你提供了一套工具和技能,以帮助你解决任何复杂问题,并让你为解决下一个问题做好准备。以一个鸟舍为例。如果我给你一套完整的工具、说明和部件来建造一个鸟舍,然后指导你完成整个过程,你一开始造出的可能无论如何也称不上有史以来最棒的鸟舍。它的结构会有瑕疵,木料也会有缺口。但通过这个过程,你拥有的将不仅是那个鸟舍,你还将知道如何建造另一个鸟舍,而且它可能比上一个更好。《大思维》将教会你如何创新。就像其他技能一样,熟能生巧。第一次运用这种方法,你不会得到一个完美的结果。新手只有通过不断实践,才能成为大师。

大思维的实践

在我开始正式介绍大思维的六个步骤之前,我想先向你们展示两项众所周知的创新,它们已经成为现代生活中不可或缺的一部分。就像我们在讲述巴托尔迪和毕加索如何创造他们的杰作时一样,我将再次对两项创新进行解构,以便你们更好地理解创造这些产品的思维过程。之前,我向你们展示了被创新者加以组合的不同碎片。现在我则着重于解释将这些碎片组合起来的一系列步骤。而这些步骤与我们的大思维方法可谓不谋而合。

让我们从下述问题开始,在没有空调的年代,每个人在炎热季节或酷热环境下都会遇到这个问题。想象一下,这是 1840 年费城的一个炎炎夏日。骄阳似火，你感到闷热难耐。你在琢磨着有什么东西能让你凉爽一下，此时浮现在你脑海中的是一种冰凉、甜美又有着奶油味的食物。这时你回想起自己读过的一篇文章，想象自己正品尝着乔治·华盛顿曾在1790年夏花200美元购买的冰激凌。然后，你又想起了在书中读到的一种美味：多莉·麦迪逊为詹姆斯·麦迪逊在白宫举行的第二次就职宴会所制作的奶油草莓冰。你还看到过约瑟夫·科尔的店铺以每杯11便士的价格出售冰激凌的广告，那个怎么样？可惜那一小杯冰激凌就得花掉你作为管家年收入的3%！

今天，大街上的冰激凌车兜兜转转，不停地播放着重复的旋律，引诱我们以与自身年收入相比微不足道的价格买一个甜筒，而我们认为这一切都是理所当然的。我们在冰箱里放满了从杂货店买来的桶装冰激凌，用来庆祝生日或为夏季消暑做准备。更别忘了，冰激凌是失恋的最佳解药。如今，冰激凌已经成为一种家庭"主食"，甚至对素食主义者来说也是如此。我们大多数人也都负担得起冰激凌的价格，但以前并非如此。如果你生活在19世纪40年代，除非你极其富有，否则高昂的冰价以及生产冰激凌所需的高强度劳动和大量时间会使这种甜品几乎与你无缘。那么，冰激凌是如何走入千家万户的呢？让每个人都能随时随地吃到冰激凌，这份功劳又该归谁？

这个人就是南希·约翰逊。她当时年过半百，是美国传教士协会的志愿者，一位教授、化学家兼物理学家的妻子，也是两个孩子的母亲。

约翰逊女士意识到，制作冰激凌实际上是非常耗费时间的体力劳动，而且成本很高。于是，她开始寻找一种方法，通过减少必要的原料（如冰）来降低制作过程的劳动强度和成本，同时延长最终产品的保存时间。你知道，如果花了大半天时间制作冰激凌，成品却在一个小时内就融化了，这似乎是一种浪费。

约翰逊发现了几个有待解决的问题。让我们把她的主问题归为一个大问题：怎样才能让每个人都更容易得到冰激凌？为了使这个宽泛的大问题更容易解决，我们把这个主问题分成了4个子问题：

1. 如何将盛装容器变小，以减少冰的用量？
2. 如何让冰激凌更快冷却并对其加以保存？
3. 如何才能创造一种更省力的搅拌奶油的方法？
4. 如何让冰激凌的口感更顺滑、更细腻？

约翰逊是如何解决第1个子问题的？当时冰块价格昂贵，每磅要价2.13美元，相当于现在的68美元。人们把冰保存在像浴缸一样的大容器里，需要时再取出来。黄油搅拌器使用的则是高木桶，但这样需要的冰量太多。约翰逊用一个简单木桶代替（见图1.12）。桶内盛着冰块和岩盐，后者是为了减缓冰块融化速度而添加的。当然，木桶不是什么新事物。其发明比约翰逊的时代还早了约400年，在19世纪已得到普遍使用，且相当廉价又易于操作。当然，木桶也有助于解决她的第1个子问题：少用冰。

图 1.12 通常用于打井水的木质水桶

资料来源：维基共享资源

图 1.13 年代可追溯到 1219 年的锡镴杯，用于保持啤酒的凉爽

资料来源：苏富比拍卖行

接下来，她该如何解决第 2 个子问题呢？由于当时还没有冰箱，这就有点儿棘手了。她首先搜索了其他食品和饮料的冷藏方法。结果她找到了锡镴。早在约翰逊所在时代之前的中世纪，一些旅馆就使用锡质杯子来保持啤酒和麦芽酒的低温（见图 1.13）。到了更近的时代，还有人用锡质浴缸来保持水温。在约翰逊之前，人们手工制作冰激凌时用的是陶瓷碗，你需要不停地把碗放回冰桶，使冰激凌再次冷却。约翰逊用锡器代替了陶瓷碗，并将其置于木桶内，周围包了一层冰。这样既能保持混合物的低温，又能节省大量时间。

锡镴很便宜。它是一种简单的废金属合金，成分有锡、铜、铋、锑，甚至还有制银的残料。因此，约翰逊用一个只放一层冰的木桶代替了装满冰的浴缸，并用一个锡碗代替了陶瓷碗。然后只要给锡碗盖上锡盖，里面的冰激凌就能保持数小时的低温了。

现在我们来看约翰逊面对的第3个子问题。连续数小时搅拌奶油、糖和其他调味料的混合物是一项艰苦的任务。这导致搅拌者手臂僵硬，背部受伤，肩膀拉伤。而经常停下来休息只会使制作时间拖得更长。有没有一种更简单的方法，既能不停地混合配料，又不用耗费这么多的力气？

为了解决这个子问题，约翰逊给自己的装置增加了一个手摇曲柄，这是一项可以追溯到1世纪中国的发明。它后来从中国传播到罗马帝国和欧洲其他地区。东地中海地区甚至使用手摇曲柄来研磨香料和咖啡豆（见图1.14）。在这个应用范例中，手摇曲柄大大减少了搅拌冰激凌原料所需的时间和精力。

现在还剩下最后一个子问题：处理结块和结晶。手工制作冰激凌最让人头疼的一点就是，费了那么大的劲，花了那么多钱，冰激凌却经常出现油水分离的情况，形成大的冰块或小的冰晶。那时用到的黄油搅拌器会将一个带孔的木质圆

图 1.14 一台古董草药/香料研磨机，配有一个金属手摇曲柄，底座有一个抽屉，用来收集加工好的草药或香料

资料来源：维基共享资源

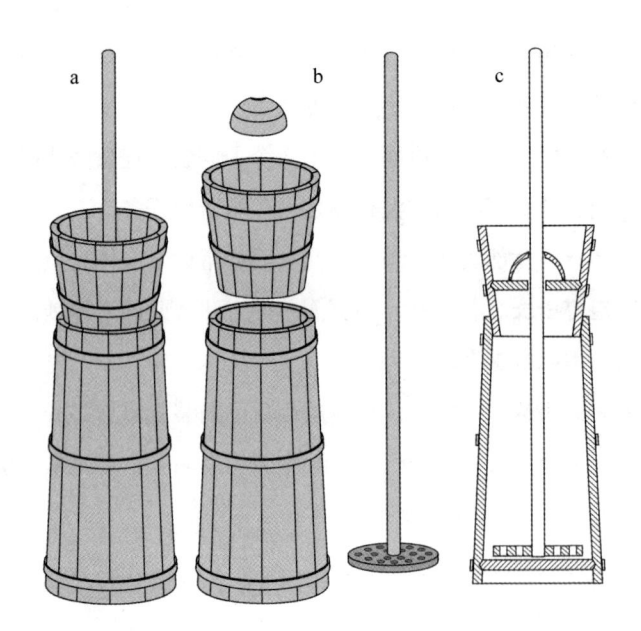

图 1.15　柱塞式黄油搅拌器

资料来源：维基共享资源

盘从桶中向下挤压（见图 1.15）。黄油穿过这些孔时便可以消除结块和结晶，但约翰逊需要将较冷的冰激凌从木桶侧面刮下来，否则它也会结冰。因此，她把刮铲（见图 1.16）固定在曲柄上，这样转动曲柄时，刮铲便会在混合物原料中刮过。原本用来刮取油脂食物的刮铲上也有孔，以便让

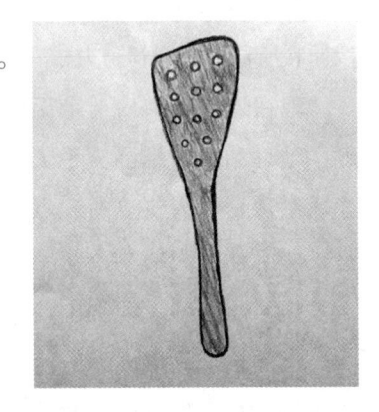

图 1.16　带孔的木质刮铲，用于烹饪

资料来源：由埃玛琳·埃尔斯沃思绘制

油脂渗出，就像黄油搅拌器的木质圆盘一样。

总之，南希·约翰逊通过将四个简单的物品——木桶、锡碗、手摇曲柄和她的"搅拌桨"结合，解决了整个问题。1843年，她申请了编号为US3254A的美国专利（见图1.17）。美国国会图书馆将她的这一简单发明认定为"颠覆性技术"，它使每个人都有可能在没有电力的情况下制作出高品质的冰激凌。约翰逊随后将她的专利授权给了厨房设备批发商威廉·扬，后者将该设备以"约翰逊专利冰激凌冷冻机"之名大规模推向市场。1851年，宾夕法尼亚州的牛奶经销商雅各布·福塞尔开设了世界上第一家冰激凌批发工厂，冰激凌生产很快成为全国性产业。后来，蒸汽动力实现了搅拌过程的自动化，机械制冷也为冰激凌的储存和运输提供了便利。到19世纪70年代，随着电力的普及，加上电机、包装机以及新的冷冻方法的出现，冰激凌的生产速度提高了10倍。不过，冰激凌机的每一次迭代都以约翰逊的装置为基础。

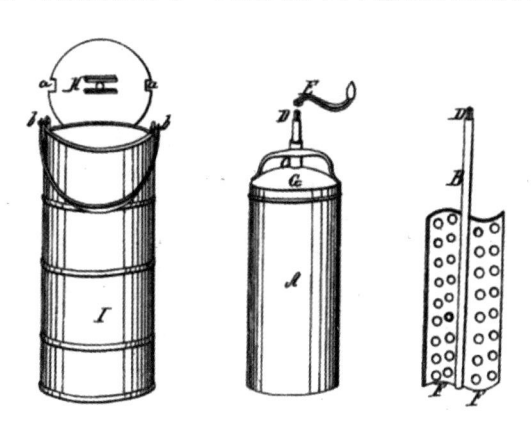

图1.17　1843年南希·约翰逊从美国专利局获得的最终专利产品

请注意这一创新过程的展开结构。首先要以具体的方式定义问题。然后，将问题分解为几个基本部分。接着，寻找已有的解决方案，以确定问题的不同部分的解决方法。然后，以一种新的方式将各个部分组合起来，使它们能够和谐地协同工作。

让我再举一个大家耳熟能详的例子，来说明大思维方法的基本原理。这个例子依旧从要解决的问题开始。1899 年，亨利·福特创立了自己的汽车公司，当时一辆汽车的价格从 850 美元到 2 000 美元不等，远远超出了普通人的购买能力。福特看到了一个值得解决的问题：如何让普通人也买得起汽车？

和约翰逊一样，福特也把自己的问题分解了：

1. 如何降低人工成本？
2. 如何缩短生产时间？
3. 如何降低原材料成本？

让我们从劳动力说起。20 世纪的工业革命带来了流水线，产品在工厂车间一字排开，专业工人沿着生产线走动，将标准部件组装起来。1906 年，奥兹莫比尔公司率先将这一概念应用于汽车生产。福特也效仿了这一流程，但他并不满足于此。他希望用更少的工人生产更多的汽车，或者用相同数量的工人更快地生产汽车。请注意这与第 2 个子问题——缩短生产时间，是如何结合起来的。

这些难题的答案来自汽车行业之外。福特公司的总工程师

"老爹"威廉·克兰怀揣着福特公司的难题参观了芝加哥畜牧场的斯威夫特屠宰场。在那里他看到待宰的牲畜是如何被悬挂在一条架空线上从一个工位移动到另一个工位的，工人们站在那里一动不动，并在屠宰过程中分别卸下牲畜的不同部位。这是一条移动的拆解线。而如果对象是汽车，再把这个过程反过来，那就是一条移动的装配线了。

当福特把他的工厂从固定装配线改造成移动装配线时，效果立竿见影。制造一辆汽车的时间从 12.5 个小时缩短到了 90 分钟。

这样一来，就只剩下了第 3 个子问题：如何降低材料成本？福特指出，油漆是他使用的最昂贵的原料之一。而可用的树脂基油漆需要一个多月才能干透。20 世纪 20 年代，化学家开发出一种新型油漆——硝化纤维素黑漆，干燥时间不到一周，成本只有油漆的一半。经涂抹黑漆并打磨后，汽车会呈现出独特的光泽，类似于日本艺术品和木制品上的光泽，因此这种工艺被称为日本漆艺（japanning）[①]。到 1927 年，福特开始为他所有的汽车涂上黑漆，福特的名言"顾客可以把 T 型车漆成任何他想要的颜色，只要是黑色就行"正是源于这一工艺变化。

现在我们可以明白福特是如何让汽车变得更经济实惠的。他将问题分解成几个部分，并为每个子问题找到了已有的解决方案：奥兹莫比尔公司的装配线、屠宰场中的移动轨道，以及日本

[①] japanning 是 japan 的现在分词形式，japan 意为"给……涂黑漆"。首字母大写时意为"日本"。——编者注

漆艺。这是对既有要素的全新组合。

在福特进行创新之前的1908年，他以每辆850美元的价格售出了6 389辆T型车。而从1915年开始，他以每辆350美元的价格售出了472 350辆。1925年，福特以每辆250美元的价格售出了200万辆。到那时，随着技术的不断进步，每辆汽车的制造时间仅需33分钟。

其他行业也采用了福特的装配线，大大降低了全球无数产品的成本和生产时间。但是，请注意福特是如何创新的：他的创新方程式中的每一项都是已经存在的。福特通过在自己的行业领域内外搜索，为他的每一个子问题找到了有效的现有解决方案。通过将这些解决方案结合起来，福特便创造了一个大创意。

请注意福特是如何四处寻找解决办法的。他从一个完全不同的行业，即肉类加工业，学到了降低人工成本的新方法。通过在现有方法中搜寻，他找到了一种可以降低造车材料成本的方法。这个要素的技术含量较低——只是一条移动链。人们常常认为，创新就等同于全新的、更复杂的技术。可即便有了新技术，它通常也只能解决一个狭隘的问题，还需要其他创新者对此做出新的组合，以便将该技术应用于新的问题。例如，在亨利·福特之前，卡尔·本茨便为艾蒂安·勒努瓦发明的内燃机找到了新用途：汽车。要想弄清如何利用新技术解决新问题，需要的是创造性的组合，而不是更多的技术。

你可能曾经被告知创新需要"突破常规思维框架"。但有人告诉过你如何做吗？成功的创新者，如约翰逊和福特，都是在两个地方寻找解决难题的办法：先在自己的行业内，然后超越行业。这就是"框内"和"框外"思维。两者缺一不可。《大思维》用六个清晰明确的步骤再现了约翰逊和福特的做法——学会这些步骤之后，你就会明白如何最有效地利用你所知的来寻找你所不知的，并将你的发现落实为可操作的东西。最终，你将能够以一种全新的、令人兴奋的方式来解决最重大的问题。

大思维路线图

现在，我已经带你领略了一番创新的基本特征，想必你已经为学习"大思维路线图"——我们的六步指南做好了准备。我将按顺序列出这些步骤，但请记住，创新从来都不是完全线性的。你可能会在每个步骤之间来回穿梭。每向前迈进一步，你也需要回首来路。在找到解决方案之前，一切都将处于"草拟"状态，需要不断修改。

以下便是我们的路线。现在，不用过多关注每个部分的细节。只要注意各个步骤之间的递进关系即可。

第一步：选择问题

大思维的起点是选择正确的问题并充分理解它。这需要时间，也需要良好的判断力。这个问题必须足够难，以至于之前没有人能解决它，但又不能太过雄心勃勃，以至于找到解决方案仍属痴心妄想。例如，迄今没有人发明出一种只需一美元就能买到且能治愈地球上所有疾病的药丸。你也不要第一个去尝试这种不可能完成的任务。任何问题都有多种定义方法。你的任务就是从中选择一个你能提出有意义的解决方案的问题。你必须选择一个有价值的问题来解决，这不是一件容易的事。有些问题太大，以人类目前的知识水平尚无法解决，而有些问题太小，不值得劳神费力，还有一些问题则无法给你足够的动力去坚持寻找解决方案。大思维的第一步旨在帮助你解决第一个问题：如何选择恰当的问题来解决。

第二步：分解问题

任何大问题都是由多个子问题组成的。要解决大问题，就要找出并解决子问题。你需要列出一长串子问题清单，然后将其精简。最后得到 5~7 个关键子问题，因为这是人类大脑一次所能处理的最大复杂度。

第三步：比较需求

现在，你已经有了问题并加以分解了。在开始寻找解决方案的构成要素之前，你需要退一步以洞悉全局。在这一步中，你将确定三个群体以及他们对解决方案的需求。这三个群体分别是作为创意者的你、解决方案针对的目标群体，以及与解决方案的实施有关的第三方。你要列出这三者的需求，进行比较，然后通过分析，从你所创造的多个解决方案中进行选择。你的"大局评分"将作为你的选择标准。

第四步：在框内和框外搜索

每个行业、科学分支或专业领域都有自己的一套观念和方法，但这也限制了身处其中者的思维范围。人们常听到一种说法，即复杂的问题需要多学科的解决方案。但当来自不同领域的人士尝试合作时，他们的观念和方法就会发生冲突。大思维解决了这个问题。福特不需要肉类加工方面的专家加入他的团队，他只需取其一个要素——移动流水线，将其纳入他自己的解决方案即可。大思维并不试图合并学科或进行跨学科协商。它是非学科的，而不是跨学科的。问问你自己，是否有人已经在某时某地解决过你的某个子问题？如果有，他是如何解决的？列出这些解决方案。就像福特和约翰逊一样，你要从多个不同的来源甚至不同的时代收集有效的方法——请记住，黄油搅拌和日本漆艺都是非常古老的工艺。

第五步：选择地图

创新者往往会强调他们最终付诸行动的那个解决方案。但实际情况是，在找到最佳组合之前，他们已经尝试了不同的组合，至少他们的脑海中已尝试过了，只不过他们往往会忘记之前的那些组合。大思维能让这些排列组合显现出来。你要不断移动和翻转这些拼图碎片，直到整体方案砰的一下浮现出来。在这一步中，你要把拼图的所有碎片摆出来，组合再组合，直到它们各就各位。

我将向你传授一些技巧，以便创造和运用多种既实用又新颖的组合，然后利用你的"大局评分"来挑选出最能满足你需加以平衡的多种需求的那个组合。

第六步：第三只眼测试

你现在有了一个想法，感觉就像灵光乍现。但它到底是什么？它与已有的想法有何不同？别人会怎么看待它？在这最后一步，你要把自己闭门造车搞出来的创意带到外界，看看别人是怎么"看"这个创意的。你会发现，他们不是用两只眼睛看，而是用"第三只眼"看。所谓第三只眼是一种真实的工作记忆现象，这种记忆会在人们的脑海中形成一个图像。你不是在征求他们的反馈意见，也不是在要求他们对你的创意的质量进行评判。相反，你想知道的是他们从你的创意中看到了什么，从而帮助你更好地理解自己的创意。这样，你就能进一步发展你的创意，并确定它是不是你真正想要追求的东西。

内在的创新者

这时你可能会问自己："我能做到吗？"

也就是说，你所具备的心智能力是否足以追随巴托尔迪、毕加索、约翰逊和福特的脚步？在你阅读本章之前，也许你的答案是"不能"。但现在我希望你明白，答案是掷地有声的"能"。大思维的每一步都完全在你的掌握之中。总而言之，这六个步骤会引导你产生一个大创意。

当然，我们并不能保证大思维始终有效。你不可能解尽世界上的问题。但是大思维会告诉你如何去尝试。一旦你理解了这个被分解的过程，并领悟了最伟大的创新者是如何想出他们的新创意的，我相信你也会有信心做到。

02 定义创意大脑

启发牛顿的苹果

你可能听过以下故事。

1665年夏,艾萨克·牛顿是剑桥大学的一名学生。当伦敦鼠疫蔓延到剑桥时,这座城里的人都跑到乡下去避难了,牛顿也逃到了他在格兰瑟姆以北70英里[①]的家族农场。在农场里,他无所事事,成日在一棵老苹果树下消磨时光。直到有一天,一个成熟的苹果从树枝上掉下来,正好砸在了他的头上。

有了!

苹果掉到地上了,不是侧着飞,也不是朝上跑,因为地球把它往下拉了。如果是地球拉动了这个苹果,那么地球一定会拉动其他一切,包括遥远的天体,比如太阳和月球。物体之间是相互牵引的!这就是行星、月球、地球和太阳保持在各自轨道上的原因!在这一刻,在自己的脑海里,牛顿窥见了万有引力定律的重

---

① 1英里约为1.61千米。——编者注

要性。他突然如醍醐灌顶，而科学领域从此为之一变。

这是故事的一个版本。

下面是另一个版本。

艾萨克·牛顿在19岁进入剑桥大学之前就读于格兰瑟姆学校。在这两座学府中，他学习了最新的数学方法，研读了众多前人的著作，尤其是阿基米德、亚里士多德、伽利略、笛卡儿和开普勒的。在剑桥的第五年，他因鼠疫暴发而逃离。在家族农场休养期间，他取得了人生中的第一个重大突破。1760年版的《不列颠百科全书》引用了牛顿本人对他的发现方法的描述：

1665年年初，我发现了逼近级数的方法，以及将任意二项式的任意次幂化简为这样一个级数的法则。同年5月，我发现了詹姆斯·格雷果里（James Gregory，1638—1675）和勒内—弗朗索瓦·德斯卢斯（René-François de Sluse，1622—1685）的切线法。……翌年，我开始思考引力延伸到月球轨道的问题，并发现了如何估算使一个小球在另一个球体的内表面旋转的力。根据开普勒关于行星的周期与它们离其公转中心的距离成倍半正比的定律，我推导出使行星保持在其公转轨道上的力一定反比于它们离其公转中心距离的平方。因此，我将使月球保持在其公转轨道上所需的力与地球表面的重力进行了比较，发现两者的答案相当接近。这一切都发生在1665年和1666年这两个瘟疫之年，因为那时我正处于发明的黄金时期，对数学和哲学的关注比此后任何时期都要多。

你可能不理解这段话背后的所有参考原理和推理——没关系，我就明说我不理解。但其方法是明确的。在这段文字中，我们看到一位科学家如何逐一拼凑出解决万有引力问题的方法。仅在这段简短的文字中，他就引用了两个同时代的人：格雷果里和德斯卢斯（还有上个时代的开普勒）。在其他文字中，他还提到了别的科学家。在给与著名彗星同名的埃德蒙·哈雷的一封信中，他写道："布里阿德（Ismaël Bullialdus，1605—1694）写道，所有以太阳为中心并依赖于物质的力，都必定与其离中心的距离的平方成反比。"

牛顿用一片片拼图碎片，拼凑出了万有引力定律的"大局"：世间存在的每一个粒子都以一种力吸引其他每一个粒子，这种力与它们中心之间距离的平方成反比，与它们的质量之积成正比。1687年，鼠疫暴发20多年后，他在《自然哲学的数学原理》中发表了这一定律。在那部伟大的著作以及其他众多信件和著作中，牛顿列出了众多让他得以汲取知识养分的杰出科学家。在给罗伯特·胡克的一封信中，他对自己的方法做了这样的概括性陈述："如果说我看得更远，那是因为我站在巨人的肩膀上。"

经过一番探究，我们会发现，连这句话都不完全是原创的：500年前，索尔兹伯里的约翰[①]就曾写道："沙特尔的贝尔纳常说，

[①] 英国基督教教士，哲学家，拉丁语学者。他提及的"沙特尔的贝尔纳"是12世纪的法国哲学家。——译者注

我们就像站在巨人肩膀上的小矮人。"

但是那个苹果又是怎么回事？

苹果故事的唯一来源是威廉·斯图克利撰写的牛顿生平回忆录，该书出版于 1752 年，即牛顿去世 25 年后。斯图克利是牛顿的一位忘年交，比牛顿年轻得多，非常崇拜牛顿。书中记载：

> 晚饭后，天气暖和，我们走进花园，在几棵苹果树的树荫下喝茶，只有他和我。在谈话中，他告诉我，他眼下所处的情境和以前一样，万有引力的概念出现在他的脑海里。"为什么那个苹果总是垂直地落到地面呢？"他坐在那里沉思着，忽然看到一个苹果掉了下来，心里想道："为什么它不往旁边掉或往上面飞呢？而是不断地向地心移动？"当然，原因是地球吸引着它。物质一定有一种互相吸引的力。地球物质的引力之和一定朝向地心，而不是在地球的任何一边。因此，这个苹果是垂直落下的，或者说是朝着地心落下的。如果物质相互吸引，这个力必然与它的质量成比例。因此，苹果吸引地球，地球也吸引苹果。

究竟是什么砸中了苹果树下的牛顿？既不是苹果，也不是万有引力的存在。几个世纪以来，科学家们都知道物体会从它们的中心相互吸引。"重心"的概念可以追溯到公元前 287 年出生的阿基米德。牛顿并没有发现万有引力，他发现的是解释万有引力的精确数学公式。他也不是在苹果树下有这般顿悟的，而是在之后的 20 年里，站在巨人的肩膀上，特别是伽利略和开普勒的肩膀上，有条不紊地解决了这个问题。

如果万有引力公式的推导并不是一个新问题，那么是什么让牛顿成功实现了前人未竟的目标？17 世纪中期，科学面临数以百计的问题，而牛顿却坚持不懈地致力于解决其中之一。在后面的章节中，我们将更深入地探究其中的原因，重要的是要明白，激情是有效地、创造性地解决问题的关键因素。所以，是的，让我们记住苹果树下的牛顿。不是因为在那一刻他解决了万有引力的问题，而是因为他找到了一个他致力于解决的有价值的问题。

历史上有许多特别的人都经历过这种特殊的顿悟时刻。还记得释迦牟尼在菩提树下打坐开悟的故事吗？还记得阿基米德坐在浴缸里观察到排水量变化时大叫"我找到了！"的故事吗？还有史蒂夫·乔布斯，当他坐在车库里，把打字机连到电视屏幕上时，他由此构思出了第一台个人电脑 Apple I。你知道马丁·路德·金博士的标志性演讲"我有一个梦想"的缘起吗？它的诞生是因为一名妇女在人群中喊道："告诉我们你的梦想！"还有，你知道圣女贞德曾听到神秘的声音，昭告她挺身而出，率领法国军队打败已经征服了半个法国的英国人吗？

我们热衷于听这些故事。它们告诉我们，生而为人，我们能够创造奇迹。在某一刻，我们可能会见他人所未见，而一旦领悟其中真意，我们便能够永远改变别人的所见所闻。每当我们听闻这些故事时，我们就会意识到每个人的力量都可以多么强大。然而，我们仍然会好奇，这些灵光乍现的顿悟时刻是否全凭随机，对我们来说遥不可及，只有在特别时刻身处特别地点的特别之人才有缘感悟。

在大思维中，我们提供了一种方法，引导你走过与艾萨克·牛顿和其他所有创新者相同的思维步骤。但你真的能做到吗？还是说这些人有什么与众不同之处，让他们比你更有创造力？

特别之人

我想让你做两个创造力测试。以下是第一个：

对我来说，通过……更容易记住人。

A. 名字

B. 容貌

当你听一首新歌时，你更感兴趣的是……

A. 歌词

B. 旋律或节奏

当你双手交叉时，哪个大拇指在上面？

A. 右手的

B. 左手的

当你跷二郎腿时，哪条腿在上面？

A. 右腿

B. 左腿

如果你的答案大多数是 A，那么你就是"创意型"，或者说更偏向右脑思维。如果你的答案大多数为 B，那么你属于"分析型"，或者说更偏向左脑思维。

下面是第二个测试。请阅读下面的每一个陈述，并标出是否适用于你：

- 比起名字，你更擅长记容貌。
- 人们用"敏锐"来形容你。
- 如果有人在生你的气，不用他开口，你也能知道。
- 在筹办派对时，你考虑的是大局，而不是小细节。
- 你不喜欢做周密计划，而是喜欢随性而为。
- 你曾因为做白日梦而被点名批评了。
- 你很容易分心。
- 你现在就在做白日梦或者分心了。
- 你先欣赏艺术品的整体，再关注较小的细节。
- 你涉猎艺术，只是好奇心使然。
- 如果有人在争吵，你倾向于相信表现出激动情绪的那些人。
- 你对自己的事情容易情绪化。
- 你不害怕冒险。
- 你倾向于相信自己的直觉，而不是其他任何东西。
- 当有音乐或电视声音作为背景时，你的工作效率会更高。
- 你是个老"拖延症患者"了。
- 你更喜欢视觉学习，如果能看到细节，你会记得更牢。

- 如果你有机会生活在幻想世界而不是现实世界,你会的。
- 比起现实生活中的人,你更喜欢虚构的人物。
- 你在记笔记时总喜欢乱涂乱画。
- 你很容易焦躁不安。
- 你不在意别人会怎么看你。

结果:如果你在列表中标记了10项以上,那么恭喜你!比起左脑思维和逻辑思维,你倾向于右脑思维和创造力。

现在让我问一下,你觉得这种测试对你来说有意义吗?

我当然不觉得答案是有。不幸的是,这些测试大行其道,网上到处都是。当我在谷歌上搜索"右脑-左脑测验"这个短语时,我得到了近6 000万个搜索结果。仅在BuzzFeed一个网站上,如果你输入"右脑"、"左脑"或"创意型",你的屏幕上就会出现数十万个测试,包括你刚刚为我做的两个小测试。

有的人有创造力,而有的人没有,这种观点由来已久。19世纪60年代,当神经学家保罗·布罗卡和卡尔·韦尼克注意到,大脑左侧某一特定区域受损的人有言语和语言障碍时,这种观点便搭上了科学的角度。这一发现导致了脑裂理论的诞生,该理论假设大脑的左右半球执行不同的任务。1981年,罗杰·斯佩里因证实大脑分工的研究成果而获得诺贝尔奖,他证明了一些脑部疾病的最佳治疗方法是切断大脑左右半球的联系。

有了这一见解,斯佩里进行了进一步的实验,以更好地理解思维分工的本质。在测试中,他向实验对象展示了两个不同的物体：一个只能用左眼观察，另一个只能用右眼观察。当被要求解释他们看到的东西时，所有参与者画出的都是用左眼看到的东西，而描述的都是用右眼看到的东西。斯佩里总结道，人类有"两种思维模式"：语言思维（左脑）负责识别和分析词汇，而非语言思维（右脑）则负责识别形状、模式、颜色和情感。

斯佩里的发现催生了一系列工具，这些工具声称可以帮助人们变得更偏向左脑思维或右脑思维。例如，贝蒂·爱德华撰写了《像艺术家一样思考：用右脑绘画》，这本书使用绘画技巧来帮助你变得更有创造力。肯·吉布森博士则为人们设计了一系列的小测验和练习，以让他们的左脑更敏捷，更善于分析。

我们热衷于将自己界定为"右脑创意型"或"左脑分析型"，因为我们相信，对自己进行类型划分可以让我们深入了解自己的性格。知道了自己属于哪种"类型"，就会让我们觉得自己能了解自己与谁相处得好、在哪里工作最合适、更有可能胜任哪种工作等。但最新的实验开始向我们展示不同的观念：左右脑之间并非泾渭分明，至少在思维方面如此。

自斯佩里获得诺贝尔奖以来，神经科学领域已实现了巨大的飞跃。其中一项重大突破来自小川诚二，他在20世纪90年代初发现了如何使用磁共振成像来显示大脑的工作状态。你的左右脑在生理上是完全一样的。然而，左右之分对身体的运动确实很重要：你的左脑控制你的右手和右腿，而你的右脑则控制你的左手和左腿。只有眼睛不在此列：右脑控制右眼，左脑控制左眼。这就解释了斯佩里关于左右手和左右眼的研究结果。但更有说服力的是那些显示人们思考过程的磁共振成像。大脑中没有专事创造或分析的区域，也没有任何精神活动完全是创造性的或分析性的。无论你是在做数学题、画画、做科学实验还是写一首歌，你都在不断地使用你的全部大脑。大脑左右半球之间并没有思维上的区别。

下面是一个实验，展示了整个大脑的工作情况。

2006年，神经科学家追踪了成人、正在学习代数的儿童和数学水平较高的儿童在解决三个问题时的大脑图像，其分别为一个基本的算术问题、一个难度三级的代数问题和一个几何问题。图像显示，当他们开始运算时，每个人的神经系统都像圣诞树一样亮了起来——同时在大脑的左右两侧（见图2.1）。在参与者解释他们是如何解决数学问题时，他们既使用了创造力，也使用了分析力。在解决问题时，不可能将两者割裂。

但有些人似乎确实比其他人更有创造力。如果他们右脑的差

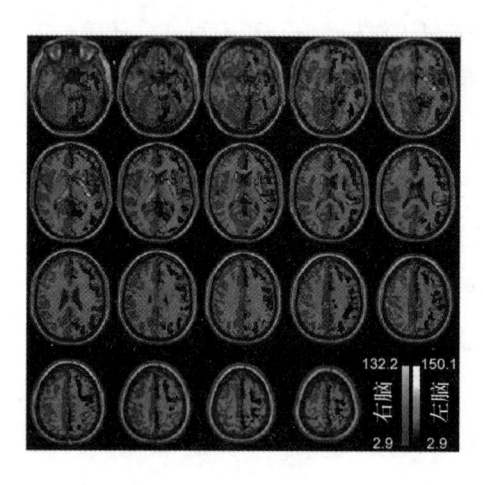

图2.1 大脑左侧和右侧在静息和活动状态下的功能磁共振成像图像，显示了大脑是如何不断使用两侧的

资料来源：Nielsen et al, "An Evaluation of the Left-Brain vs. Right-Brain Hypothesis with Resting State Functional Connectivity Magnetic Resonance Imaging," PLOS One, August 14, 2013

异不能解释这一点,那什么能解释呢?像凡·高或西尔维娅·普拉斯[1]这样易患抑郁症的人更有可能富有创造力吗?还是像汤姆·汉克斯那样快乐的人更有创造力?在研究中,有创造力的人似乎只有一种共同的人格特质:他们很好奇。这是一种你可以掌控的特质。此外,毅力对实现创意也很重要,它能帮助你真正完成任务,包括创造性的任务。而这也同样是你可以掌控的。

在大思维中,这就是你所需要的起点:保持好奇心和毅力。我们会在每个步骤中为你提供其他所有工具,指导你完成创造性的任务。通过练习,这些步骤就会成为一种习惯,从而培养出一种创造性的思维方式,帮助你在未来解决各种问题。

头脑风暴

回想一下,你上一次脑子里冒出真正有创意的想法是在什么时候?当时你在哪里?你在做什么?我在过去 10 年里向成千上万的人问过这个问题——从高中生到《财富》500 强公司的高管人员,应有尽有。如果你和他们大差不差,那么你很可能不会说"在头脑风暴会议上"。多年来,只有极少数人告诉我,头脑风暴会议是他们产生最佳创意的地方。

在世界各地,各种各样的人和组织都开始通过头脑风暴来解

---

[1] 西尔维娅·普拉斯,美国自由派女诗人,因其富有激情和创造力的重要诗篇留名于世,年仅 31 岁便自杀身亡。——译者注

决创意问题。作为一种正式的技巧，头脑风暴的诞生可以追溯到1938年，当时广告巨头BBDO提拔了他们的高级副总裁亚历克斯·奥斯本，以挽救在大萧条期间失去了大量客户的公司。为了吸引新客户，奥斯本决定把他的整个团队聚集起来，为广告活动集思广益。头脑风暴，即奥斯本最初所说的"想出点子"，成了他们最常用的创意方法，并从此风靡全球：奥斯本和BBDO在二战期间大力宣传美国的军备，并为通用电气、克莱斯勒、美国烟草、百路驰和杜邦等高质量客户做过广告。随着这种方法越来越受欢迎，奥斯本将其改名为"头脑风暴"，因为这种行为本身就是一种名副其实的头脑风暴——个体在群体环境中经历的神经系统突然爆发。于是，宣称"让我们来个头脑风暴，想出解决方案"的同事聚会便开始盛行。每当我们急需一个想法时，我们就会进行头脑风暴。

奥斯本为什么要发明头脑风暴？他面临的问题是，在全公司范围的会议上，基层员工很少发言，高层管理人员主导了谈话。他对此的解决方案是每周举行一次"集体思考"会议，让每个人都有平等的发言机会。这些会议由他主持，并一定要征求基层员工的意见。

头脑风暴的基本主题有许多变体。以下是著名创意公司IDEO为客户提供的头脑风暴服务规则列表：

1. 多多益善。
2. 异想天开。

3. 延迟评判。
4. 借鉴他人的想法。
5. 专注于主题。

以上正是奥斯本在1938年提出的规则。如今，从银行到咨询公司，从科技公司到制造商，从公关公司到媒体公司，从非营利组织到政府机构，头脑风暴俨然成为创造性思维的主导活动。但是，让我们提出一个显而易见的问题：头脑风暴真的能激发创意吗？它当然解决了奥斯本最初的问题：如何让每个人都发言。而且，如果你在任何社交场合选择一个问题并照这些规则实操一番，肯定会让其他人参与到有趣的对话中来。头脑风暴可能很有趣，但是，它真的能产生伟大的创意吗？

让我们来分析一下头脑风暴的5条规则。

首先，头脑风暴是一个数字游戏。规则1表明，你敲开的牡蛎越多，找到珍珠的概率就越大。规则2和规则3为规则1服务，以确保所有的想法都能涌现。至于规则4，听起来很不错。但如果你认真实施前三条规则，你可能有上百个想法可供借鉴。如果我说"让我们的产品在月光下发出红光，在阳光下发出绿光"，而你说"让它透明"，我们该怎么做呢？然后另一个人说："让它反射天空的颜色。"这还只是3个想法而已，就已经让人无所适从了。当我们将其他许多想法混合在一起时，就会出现我所说的"想法井喷"。

最后同样值得一说的是规则5，在我看来，这是一个束缚。

你可能在自己的工作中遇到过这种情况，你意识到自己解决的是错误的问题，于是你把注意力转移到了其他方面以找到真正的问题。这意味着找到问题本身也是创新过程的一部分——你不需要假定你已经有了正确的问题，然后继续进行头脑风暴来解决这个问题。

事实上，证据是明确的——头脑风暴不起作用！在1987年的一项关于头脑风暴的开创性研究中，社会心理学家迈克尔·迪尔和沃尔夫冈·斯特罗贝在传统的头脑风暴会议中收集了四人一组的参与者的想法。然后，他们将4个单独进行创意构思的人的想法收集到一份列表中。研究人员接着比较了这两组的产出，发现单独构思的参与者比传统小组会议中的参与者明显产出更多：那些单独构思者产生的独特想法是头脑风暴小组中的成员的两倍。

科学家越来越多地发现，集体头脑风暴的过程中会产生偏见，这会对创造力产生巨大的影响。我们的偏见来自群体的反馈。我们也逐渐了解到，群体内部的相互影响对个人创造力的抑制作用有多大。个人往往会以各种方式进行自我审查：他们会省略数据，锚定最先或最近出现的想法，选择最方便的想法，等等。随着时间的推移，这个过程往往会复杂化，并产生群体思维，从而阻碍创造力和个人责任归属。因此，无论是学者还是实践者，都已不再对头脑风暴作为一种生成创意的正式方法所发挥的作用抱有幻想。

随着我们深入了解大思维，我们越发清楚为什么这个过程比头脑风暴更具创造力。头脑风暴的真正作用是从参与者的直接经验中汲取灵感，换句话说，这是一种信息共享和呈现。如果我对你说："快，拿出一个想法！"你会利用你已有的知识经验来给出想法。如果参与者经验丰富且多样，那么头脑风暴对解决普通问题是非常有效的。这是因为此时各个参与者的经验总和可能包含了你需要的所有解决方案。但请注意，亨利·福特并没有要求他的工程师进行头脑风暴，而是要求他们在世界各地寻找可用的想法——"老爹"克兰就是这样发现移动的肉类加工生产线的。

试想一下：如果 5 个人作为一个小组进行头脑风暴，他们只能利用 5 个人的知识。我们称其为"框内"思维。而在大思维中，我们要求你利用有史以来全人类产生的知识，积极倾听他人的想法，并将你的知识扩展到你的舒适区之外。我们称其为"框外"思维。头脑风暴会限制思维，而大思维则会扩展思维。你觉得哪种方法更可能产生创意呢？

如今，头脑风暴已发展出许多被冠以不同名称的方法。最流行的是设计思维。在这些方法中，我们可以找到 3 个主要步骤：客户人类学、头脑风暴和产品原型设计。在大思维中，我并未提及第一个和最后一个步骤——客户人类学和产品原型设计都没问题。大思维只是取代了中间步骤：头脑风暴。像设计思维这样以头脑风暴为核心的方法数不胜数，尤其是以研究、分析和实施的形式呈现的方法。对这些方法来说，大思维对其他步骤都不置一词。但是，当你需要创意的时候，你就需要大思维来助你一臂之力。

创意空间

你所处的实体环境对你的创造力有影响吗？有什么特别能激发你灵感的事物，就好像牛顿的苹果树？我对此很好奇，所以特意查了一下，发现这棵树仍然健在（见图2.2）！

图2.2中的树就是牛顿在350年前坐于其下的那棵树。这棵苹果树有什么特别之处吗？这对我来说不太有启发性。它看起来很普通，周围的草坪、建筑物和其他树木看起来也平平无奇。

现在，请看图2.3中的照片。你可能猜到了，这是谷歌的办公室。全球许多公司都在模仿这种风格，以帮助员工提高创造力。

有用吗？好吧，我们没有证据证明这一点。我们不妨问问谷歌的拉里·佩奇和谢尔盖·布林："你们的创意是从哪里来的？"

图2.2 艾萨克·牛顿爵士位于英国格兰瑟姆故居的树
资料来源：英国广播公司（BBC）

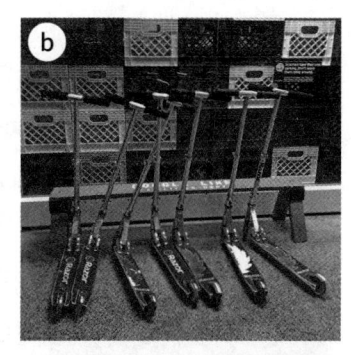

图 2.3 a-d　谷歌办公室的环境
资料来源：商业内幕网（Business Insider）和维基共享资源

谷歌本身就是一个伟大的创新。我们知道他们一开始是在斯坦福大学研究生院沉闷的隔间里办公的，然后又在一个简陋的车库里建立了他们的第一个办公室，并在这些地方将他们的创意具体化。据我们所知，他们在公司成长期所占据的那些物理空间虽然不起眼，但并未妨碍他们构想出高质量的创意。

我们发现，无论是微软的比尔·盖茨和保罗·艾伦，还是脸书的马克·扎克伯格，或者其他任何你能叫出名字的创新者——他们往往是在车库里起家的。就连备受喜爱的推理作家阿加莎·克里斯蒂，也曾在浴缸这样一个不起眼的地方获得了《东方快车谋杀案》的灵感。在寻常场所产生创意的例子不胜枚举。谷歌确实曾指出，将人们置于"非同寻常"的环境中会刺激他们的右脑。但我们现在知道这只是一个谬论罢了。如果你在一个墙壁上有红色圆点的房间里工作，它并不会让你豁然开朗，构思出全新的可能。它只会把红色圆点置入你的记忆，于是你的下一个创意就会围绕红色圆点展开。

最富创意的墙其实是一片空白。它让你的思绪自在游荡，寻找联系。它缺乏你想要的刺激，这反而让你的大脑能够不受干扰地工作。

贝尔实验室提供了这方面最好的现实测试。作为20世纪的创新胜地，贝尔实验室在新泽西州有两个基地：默里山和霍姆德尔。默里山的基地是1941年建成的一座工厂式老建筑，空间狭小，大厅逼仄，办公室用胶合板制成，可移动的家具，笨重不堪，功能重于美观。这一设施的装修费用为300万美元。霍姆德尔园区的外观就像一艘宇宙飞船，其外立面极具未来感，由6800块玻璃建成，拥有一个倒影池、一个种植了3600棵植物的中庭和一个形似晶体管的水塔。它耗资3700万美元，是默里山的12倍还多。

哪个地方更有创造力？从老气横秋的默里山中迸发了晶体管、激光、太阳能电池等发明，并且至少有3项诺贝尔奖是在该处孕育出的。而光鲜亮丽的霍姆德尔则为我们带来了按键电话、按键拨号、传真机、语音信箱、手机、微波炉，以及至少一位诺贝尔奖获得者。这两个总部还共同孕育出了第一颗通信卫星、第一个数字蜂窝网络和第一根光纤电缆。

它们都很有创造力！这与其各自的建筑设计毫无关系。

关于创意空间，我们可以说两点：第一，没有干扰。你需要一个独立思考的地方。第二，你需要一个地方，可以让你以一种随意的方式与他人相遇，比如在咖啡壶、饮水机旁，或在休息室附近。这样就可以了。绿色植物可能会让你心情愉悦，这是好事；阴暗、肮脏的空间可能会让你情绪低落，这是坏事。但是，创造力与周围的环境无关。它与你头脑中的想法有关。如果你去过屠宰场，你会知道那是一个残酷、血腥的环境。但就是在那里，"老爹"克兰有了一个大创意。

思绪漫游

让我们回到之前问过的问题：回想一下，你上一次脑子里冒出真正有创意的想法是在什么时候？当时你在哪里？你在做什么？对这个问题，最常见的回答是在浴室里淋浴、开车、锻炼、在家打扫卫生或切菜做饭时。似乎很多难题和棘手问题的答案都无须费力寻找就奇迹般出现在我们面前。我们所要做的，就是让"思绪漫游"。这绝非微不足道，实际上，我们每天大约有4个小时是在这种状态下度过的。这相当于我们清醒生活的四分之一。

在需要更多注意力的任务中，你也会在关键时刻走神。当你做一道数学题时，在简单部分，你的思绪不会漫游。它一直在向前推进。然后你遇到了一个障碍。你会暂时停下。嗯……你的思绪漫游了。突然间你恍然大悟，看到了隐藏在问题中的问题的答案。于是你的大脑再次运转起来。即使在你专注于工作时，思绪漫游也能让你的解决方案更有创意。

思绪漫游是人类心智活动的一部分，是我们的天性，会给我们带来心理层面的各种好处。但是，我们不能把思绪漫游和白日做梦看作某种神奇的创意产生器，而应该把它们看作对真正脑力劳动的补充，当我们开动脑筋试图想出最好的创意时，我们付出的才是真正的劳动。阿加莎·克里斯蒂并不是由于洗了很多澡才构思出她的侦探小说——她伏案辛勤工作，一个小时又一个小时，钻研写作和讲故事的技巧。这就为神游物外奠定了基础，让思绪漫游的产物有了潜在的价值和可用性。

有大量的研究表明，你更有可能在工作时迎来最有价值的顿悟时刻。通过"学习+记忆"模式的视角，我们发现，在执行任务时，我们会产生最好的创意。在淋浴或坐在海滩边时灵光乍现，这种感觉可能不错，但这些时刻并不像我们一开始想象的那样富有洞见。尽管在那些时刻，创意者会感觉自己的想法更重要、更有创意，但当他们事后回顾那些顿悟时刻所产生的创意时，他们往往会认为这些创意其实不如那些并非源自顿悟时刻的创意有创造力，也不如后者重要。这是为什么呢？为了让思绪漫游带来顿悟时刻，你需要在你的记忆的"架子"上拥有足够的信息来构成你的新想法。当我们在构思过程中不可避免地遇到障碍时，我们会把顿悟时刻作为激发灵感的火花，在这一刻，它似乎才对我们最有帮助。

当我们探究顿悟时刻的历史，并试图从实际意义上确定它时，我们可能会发现它早已镌刻于我们的DNA（脱氧核糖核酸）中。没错，黑猩猩也会有顿悟时刻。让我们认识一下苏丹，一只来自加那利群岛阳光明媚的特内里费岛的黑猩猩。作为研究实验的一部分，德国科学家沃尔夫冈·科勒把苏丹关在一个大铁丝笼子里，笼子外面的地上放着一根熟透的香蕉，就在苏丹够不着的地方。笼子里的地上有一根短竹竿。而在笼子外面的地上，比香蕉更近的地方，还有一根更长的竹竿。苏丹盯着香蕉，然后拿起那根短竹竿，将它穿过笼壁，试图够到香蕉并将其拉向自己。但是这根竹竿不够长，够不着香蕉。

接着，苏丹从笼子上扯下一根松动的铁丝。它把铁丝拉直，从笼壁穿过去。结果，这根铁丝还是太短，够不到香蕉。

它似乎垂头丧气，扑通一声瘫坐在地上。它盯着香蕉，又环顾四周。然后，它看到了外面那根较长的竹竿。它在长竹竿和短竹竿之间来回看了几眼，突然跳了起来。它迅速拿起短竹竿，将它穿过笼壁，伸向长竹竿。它把长竹竿拉向自己，直到自己够得着。然后，它拿起长竹竿，将它穿过笼壁，终于够到了香蕉。胜利在望，苏丹把香蕉向笼子方向捞，直到它能抓住香蕉为止。成功了！

苏丹的故事发生在1914年。这是第一次有记录的科学家观察到顿悟时刻的发生——在你看来，艾萨克·牛顿和加那利群岛的黑猩猩在本质上似乎有着相同的经历。科勒当然认为他在苏丹身上看到了一些非常重要的东西，他继续用其他许多黑猩猩进行实验。他注意到，每一次，在看似放弃之后，黑猩猩都会"环顾四周"。在这些测试过程中，总是有一些长时间的停顿，在此期间，动物仔细检查整个可见区域。然后就是被科勒称为"Einsicht"的时刻，即"洞察力"的时刻。就像苏丹脑袋里仿佛闪过一道灵光，解决办法瞬间出现，苏丹立即付诸行动。

科勒是完形心理学（又称格式塔心理学）的创始人之一，这一流派认为："一个事物不能通过研究它的组成部分来理解，而只能通过研究它的整体来理解。"在大思维中，我们从多个角度看问题：对于一个整体，可以通过了解它的组成部分来理解。同样，通过综观全局，我们可以从不同的角度理解不同的"拼图碎片"。苏丹的脑子里必须已有拼图的各个碎片，否则顿悟时刻永远不会到来。

我之前向大家展示了现代神经科学是如何推翻"左脑专职分析、右脑专职创造"的观点的。新的大脑模型被称为"学习+记忆"。它将我们大脑中的各个部分整合在一起，并以此勾勒出大脑中实际发生的情况。埃里克·坎德尔因在这一模型上的研究成果而获得了 2000 年的诺贝尔奖。他解释说："记忆是将我们的精神生活结合在一起的黏合剂……我们之所以成为现在的我们，在很大程度上是因为我们学到了什么，记住了什么——人类的记忆系统形成了抽象的内部表征，这些表征来自以前接触过的类似的图像或经历。"

神经科学表明,所有思维都是某种形式的记忆行为。这包括想象力、创造力、创新以及"新"思想的其他变体。这意味着思维的组成部分并不是新的,只有其组合才是新的。

让我们来做个测试,看看我们能否像苏丹那样,把解决问题所需的组件组合在一起。

告诉我:以下算式是正确的吗?

$$\begin{array}{r} 28 \\ +\ 32 \\ \hline 60 \end{array}$$

我猜你会说"是"。很好。我打赌你算得很快。

现在看看以下算式:它正确吗?

$$\begin{array}{r} \kappa\eta' \\ +\lambda\beta' \\ \hline \xi' \end{array}$$

我猜你的大脑宕机了。你不知道它是对还是错。如果你是一名古希腊学者,你就会意识到这个等式与上一个等式其实是相同的:28+32=60。第一个答案根据你的记忆得出。算式中一共有8个符号:6个数字、1个加号和1根下划线。它们已经存储在你大脑里了。类似的计算你已经做过无数次了。相关知识、符号和指示程序都已储存在你的记忆中。它们会很快组合在一起,你就能得到答案。

在第二个算式中,5个符号可能不在你的记忆中,所以当你在脑海中自动搜索它们时,你一无所获,除非你懂古希腊语。

你可能会认为第一个算式是纯逻辑的,只是一个数学算式。它一点儿创意都没有。但如果是这样,你也会把第二个算式算对。可事实并非如此,根据记忆重新组合要素,使其与手头的问题相匹配,从来都是一个创造性的任务。你是用创造性的解决方案解决了一个逻辑问题。纯粹的逻辑是不可能存在的。逻辑问题的内容是通过创造性的组合而形成的。

以下是另一个创意练习。花点儿时间想出一个与 airplane(飞机)押韵的新单词。

你想到了吗?

以下是我想到的:

stairpane   carmain   artain   tropain

我猜你的答案在以下方面与我的大同小异:它们都是由你已经熟悉的字母簇组成的。stair(楼梯)、pane(窗格)、car(汽车)、main(主要的)、art(艺术)、pain(痛苦),再加上mountain(山)的后半部分和tropical(热带的)的前半部分,这些都已经储存在我的记忆中了。就像上面的数学题一样,你的大脑会从脑海中的架子上抽取离散的碎片,以不同的方式将它们组合起来。数学问题和语言问题之间的唯一区别在于其内容是数字还是字母,而方法则并无二致。

通过"学习+记忆",我们不断地检索记忆并建立联系。即使我们看到的是新事物，我们也能认出它的某些部分。因此，我们既用眼睛"看"，也用大脑"看"。只有当我们知道狗长什么样子时，我们才能看到狗。如果不知道，我们看到的就只是一团颜色和形状。这是现代心理学最早的发现之一。19世纪末，赫尔曼·冯·亥姆霍兹发现，感知包括大脑中的快速猜测和假设检验："那是一只狗吗？是的，它是一只狗！"这一切发生得太快了，你甚至都感觉不到。但是如果外界很黑，或者狗离你太远，或者这是某种你从未见过的奇形怪状的狗，这个过程就会花更长的时间，这时你便可以真正体验到这个过程的发生。

坎德尔描述了当我们身处房间之中，灯熄灭时，我们的大脑中会发生什么。作为一种记忆行为，我们的大脑会保留我们在房间里看到的东西。这是一个填补空白的极端例子。远处的狗则是一个中等程度的例子。但即使你明显看到一只狗，你也会根据你对狗的其他了解进行猜测，例如，判断这只狗是否友好。

在思绪漫游中，我们也会这样做：我们用记忆所期望的事物填补空白。用心理学家理查德·格雷戈里的话说："我们的大脑通过添加'应该'存在的东西来创造我们所看到的大部分东西。只有当大脑猜错的时候，我们才会意识到它是在猜测。"

我们现在看到，创新的创造性组合也是日常思维的一种延续。它们都是基于记忆的想象行为。人脑是地球上最大的仓库。古希腊的亚历山大图书馆曾经藏有西方世界所有著作的副本，至少传说如此。而你的小脑袋里所储存的远不止这些，而且每天都在增加。从你出生的那一刻起，你的大脑就开始吸收信息，将其分解并储存在记忆的架子上。之后，当我们需要思考时，大脑便会从记忆的不同架子上提取记忆，形成新的想法。所有思维，无论是逻辑性思维还是创造性思维，都来自记忆。

当我们回过头来再看黑猩猩苏丹时，我们会发现，它之所以能够想出够到香蕉的方法，也是因为它的记忆力。它必须先看到长竿和短竿，然后才能利用它们解决问题。这也给我们提供了一条线索，让我们知悉是什么因素决定了自己创意的质量。它们的质量取决于我们能拼凑起来的碎片。如果你被一个问题难住了，很可能是你缺少了一块拼图碎片。它不在你大脑记忆的架子上。到外面的世界去寻找它吧。

既然我们已经知道大脑是如何进行新的组合的，我们自然便会明白，创造力就在我们的掌握之中。它不再神秘莫测。任何人都可以学会如何发挥创造力，如何运用创造力来解决任何问题。不过，重要的是要明白，虽然任何人都可以学习如何发挥创造力，但这并不意味着产生大创意很容易。事实并非如此。只要我们学会如何有效地组织创意过程，并坚持我们所构想的组织方法，所有人就能真正获得创造性思维。这招确实有效。而现在我所做的，就是费一些笔墨来告诉你如何发挥创造力，同时最大限度地提高你想出大创意的可能性。

团队合作

你是独自工作时更有创造力，还是在团队中工作时更有创造力？数十年的研究表明，当我们首先独自开始构思过程时，我们会更有创造力。在独自构思出一个想法之后，我们可以将其带入一个团队环境。先独立思考，然后与群体分享，这样我们就可以避免陷入一系列导致群体思维的偏见。

回想一下我们目前所学到的关于大脑形成思想和想法的方式：我们的大脑会自然地从记忆的架子上收集已经存在的碎片，而遗漏那些需要去搜寻的碎片。这就是为什么你必须首先识别并整合与你个人所持问题相关的信息节点。只有这样之后，你才能回到团队环境中，此时团队合作的重点在于你从他人那里获得什么。你的团队成员会提醒你那些已在你的大脑中存在，但可能已被你遗忘的信息节点，或者让你获得当前记忆中缺失的信息。

在整个大思维的六步方法中，我始终希望你先独自完成每一步。然后，你如果身处一个团队之中，便与整个团队分享你得到的信息和你的想法。在团队合作的情形下，我们在大思维方法中遵循的一条一般规则是，每个团队的合作人数不要超过 5。超过这个规模的团队可能反而会导致成员拙于个人表现，因为他们要么迷失在人多口杂的混乱氛围中，要么选择沉默不语，这是我们在学习大思维时想要避免的。

自由与约束之间的联系

我至今仍对我实施的第一个实验记忆犹新。当时，我正在斯坦福大学攻读博士学位，决定在全美最著名、评价最高的幼儿园之一——必应幼儿园布置一个房间。在一间只有一扇窗户、中间放着一张桌子的小教室里，我把玩具放了一地。我想看看我邀请来的孩子会有多大的动力来花时间搭建一套完整的乐高积木。当时，很多研究都提到了给人们选择权对激发他们积极性的重要性。于是，我把一套乐高玩具摆在了桌子的正中央，那明亮的三原色积木表明它是这个房间里的主角，周围则摆满了其他玩具。

当那些三四岁的孩子走进房间时，他们会看着桌子上的乐高玩具露出微笑，然后检视周围的其他玩具。几分钟后，他们会在桌边坐下，但不会拿起任何乐高积木或其他玩具，而是盯着窗外。我不明白这是为什么。是乐高玩具出了什么问题吗？他们不想玩任何玩具吗？那些孩子只是在等我让他们离开这个房间，回到他们的正常课堂。起初，我觉得我选的玩具不够有趣。于是，我跑遍了附近的玩具店，希望能找到孩子们喜欢的玩具。但一次又一次，当必应幼儿园的孩子们走进我那布置了各种各样的玩具和小饰品的房间时，他们只会安静地坐在椅子上，盯着窗外发呆。

让我感到奇怪的是，在周围有众多选择的情况下，孩子们本应有最为积极热烈的反应，可实际情况却恰恰相反。尽管周围有那么多选择，但他们仍然只是看着窗外。在观察到这一行为后，我决定排除其他所有玩具，只在房间里保留一个主要游戏：乐高积木套装。

这样，孩子们一走进教室，就会走到教室中央那张孤零零的桌子前，盯着桌子上的一盒乐高积木，然后开始搭积木。当他们的实验时间结束的时候，我常常必须让正专心致志地搭着积木的他们停下来，带他们回教室。突然间，他们似乎就有了内在的动力，对乐高积木变得兴致勃勃，并不是因为他们有很多选择，相反，是因为他们只有一个选择。

重要的是要记住，当时科学界的共识是，给人们选择的机会对激发他们的积极性非常重要——普遍的观点是，选择多多益善。但我所观察到的情况恰恰相反。我想知道这是为什么。在必应幼儿园的实验遭遇失败后，又过了几年，我开始撰写我的博士论文。当我回想过去的实验时，我开始更认真地问自己一个问题："那里究竟发生了什么？有没有可能我观察到的某些东西是科学家们未曾想到的？"我在想，无穷尽的选择真的会给人们激励吗？还是说，人需要一定的约束？尤其是，他们需要限制吗？于是，"果酱研究"应运而生。

在斯坦福大学附近，有一家高档杂货店，为人们提供似乎无穷无尽的选择。其陈列的典型商品包括数百种芥末酱、蛋黄酱和醋，好几百种时令水果和蔬菜，还有数不胜数的橄榄油。这样的商品可谓不胜枚举。这家店给人的感觉就像一个充满选择的仙境。于是，我在入口处摆了两张桌子：一张上面放了6种果酱，另一张放了24种。有更多选择的桌子肯定会带来更高的销售额，对不对？

进入商店的人中有60%在放着24种果酱的桌子前停下了脚步，40%的人则在有6种果酱的桌子前驻足。到目前为止，一切顺利。但接下来发生的事情脱离了我们对选择的普遍理解。我注意到：在有24种果酱可选择的人中，只有3%的人买了一罐果酱；而在有6种果酱可选择的人中，则有30%的人买了一罐果酱。换句话说，这个结果与我的预测（和我所在领域的共识）完全相反。

自果酱研究在2000年发表以来，已有900多项后续研究表明，为人们提供不断增多的选择反而会带来负面影响。例如，不要给人们提供太多的投资选择，否则他们就不会选择任何投资，医疗保险计划的选择也是如此。你越是致力于寻找完美灵魂伴侣，看到的选择越多，找到的伴侣就越糟糕。甚至当你给人们布置创造性的任务，比如写一篇文章或创作一件艺术品时，他们可选择的越多，他们就做得越差。

那么是否存在最优选择数呢？选择6种果酱肯定比只能选择两种好。但是24种也太多了。12种怎么样？还是15种？事实上，心理学家乔治·米勒做了一项重要的研究，向我们展示了这个适当的数字到底是多少。他发现，当人们做出选择时，他们能够在脑海中记住 7±2 个选项。超过这个范围，结果就是认知超载，人们往往会感到困惑，做出错误的选择，或者就像果酱案例中一样，根本不做选择。

那些我们认为最有创造力的发明家、艺术家和音乐家早就知道限制选择的价值。他们就是在形式和结构的限制中进行创作的，他们打破其中的许多形式和结构，只是为了建立新的界限。如果选择确实是我们创造的，就像我们创造艺术和音乐一样，那么我们当然可以从后者这些创造性的领域中寻求指导。伟大的爵士音乐家温顿·马萨利斯曾经说："在爵士乐中，你需要一些限制。任何人都可以不受限制地即兴创作，但那不是爵士乐。爵士乐总是有一些限制，否则它可能听起来就像噪声。"而爵士乐可是所有音乐形式中"最自由"的!

因此,大思维方法从本质上平衡了这两种看似对立的竞争力量。它满足了你对自由的渴望,但又是以一种认知上可行的方式实施的。这就是为什么我给你一个"选择地图"的结构,并限制填入其中的材料。如果没有大思维提供给你的约束,你的想法最终会变成"噪声"。这种方法提供了一种精心规划、讲求策略的思维方式,在你对思想和表达自由的需求与指导性结构之间取得了平衡。正式地讲,我们将这些限制体现在三种特定的工具中,以帮助你构建新创意。最后,就让我们以对大思维的这三种工具的概述来作为本章的结尾。

三种创意工具

通常情况下,当我们需要一个创意时——不是任何创意,而是一个真正的好创意,我们会尽可能多地收集创意。我们可能会无休止地进行头脑风暴,或者利用众包来产生无数想法。对此的经验法则是,每 10 000 个想法中,至少有一个是好的。按照这个逻辑,你应该不断收集尽可能多的创意。其中一定会有不同凡响的创意出现。

那么,如何选出这个绝佳创意呢?我们假设它很容易被发现,因为它是不证自明的,而当它不易被发现时,每个人都可以简单地投票选出最喜欢的想法,我们就根据共识来挑选。任何尝试过这种方法的人或组织都知道,这种方法充其量只能取得好坏参半的结果。

大思维则恰恰反其道而行。我向你介绍的这三种工具均假定,作为创意者,你更看重质量而非数量。如果你使用大思维方法,那么你产生的每一个想法,从其定义上讲都将是有用的和新颖的,因为这两个标准都嵌在该方法的结构中。你仍然有选择的余地,但我们看重的不是数量,而是质量。在大思维方法中,我们并不假定最优秀的创意会自然而然地脱颖而出。相反,我们有一套思虑周全的方法来选择最佳解决方案。

以下便是这三种工具。

第一种工具叫作"选择地图"。它是你针对某一个问题的个人资料库,你可以在这里存储你构建想法时涉及的所有元素。从第1章的大思维路线中,你会发现选择地图是你用来为所选问题生成多种解决方案的工具。你的问题位于"选择地图"的顶端,你已经将主问题分解成了一系列易于处理的子问题,通常是5个左右。然后,针对每个子问题,收集可加以解决的独特策略。一旦你完成了"选择地图",例如一个5×5的表格,你现在就拥有了所有必备素材,并以此创建问题的多个解决方案。对你创建的每个解决方案,你都要为每个子问题选择一种策略,并以不同的方式将它们组合起来,从而确保每个解决方案都有用,并且与之前的解决方案相比没有冗余。例如,以我们标准的5×5选择地图为例——如果你将5种策略的每种可能组合列出,你就会有3 125个潜在的新想法。因此,选择地图能让你为问题创造多个新颖而有用的解决方案。选择地图也让你有机会找到最佳解决方案。在第一、第二和第四步中，我将引导你完成创建选择地图的过程，而第五步则向你展示了如何通过选择地图实现"思如泉涌"。

在大思维中，你将使用"选择地图绘制"来生成创意。这是我对头脑风暴给出的替代选择。

第二种工具，即"大局评分"，是用于评判选择标准的工具。大局评分考虑了与问题相关的所有不同需求，以及这个解决方案需要给那些重要的人——创意者、潜在用户以及潜在的盟友或竞争对手带来怎样的感觉。有了大局评分，你就可以对你所提出的各种想法进行比较和对比。然后，你就可以识别出对你而言不同寻常的创意。

在大思维中，我们在开始产生创意之前会考虑我们想要的解决方案是什么样子的，因为我们的"渴望"在构思过程和选择过程中都可以提供侧重。因此，在第三步中，我将指导你如何创建"大局图"。

第三种工具是"第三只眼测试"。你可能会认为，一旦你在脑海中"看到"了新创意——顿悟时刻到来，你就成功了。但你看到的只是幻想，是你头脑中构想的创造。别人也会见你所见吗？在这一步中，我们要收集三种独特的反馈，以了解我们想法的实际效果是否如我们所愿，并决定是否值得为之开展下一步。这个工具在第六步，也就是最后一步中运用。这是将创意实施前的最后一步。

现在，让我们进入本书的第二部分，开启"六步之旅"。

Part 2
第二部分

◇ **构建你的大思维系统** ◇

创造性解决问题的
路线图

03 第一步：选择问题
你想要解决什么问题

爱因斯坦曾经说："如果我有一个小时来解决一个问题，我会花 55 分钟思考问题，再花 5 分钟想出解决方案。"

这就是大思维的起点。你翻开本书时，可能脑子里就带着一个问题。或者，你有很多问题，却不知道该选择哪个。无论是哪种情况，大思维的第一步都旨在帮助你选择一个你想要解决并且能够解决的问题。

在大思维中，你将学会的是，不要将问题视为不言自明的。你要像爱因斯坦一样，从无数个角度出发，对你的问题进行描述与修改、构思与重构，以发现最有意义、最可行的问题。在这一步上，我们所花费的时间往往是最少的，尽管这恰是我们应该花费最多时间的步骤。而一旦你找到了要加以解决的恰当问题，你就为自己的成功奠定了基础。

你如何拯救世界

我写本书时，正值自 1918 年"西班牙大流感"以来世界上最严重的流行病肆虐。当年的大流感曾导致约 5 000 万人丧生。而截至 2022 年 7 月,新冠病毒估计已造成全球 640 万人死亡。我们仍处于疫情的风口浪尖,因此其最终破坏程度尚不得而知。

作为在一所汇集各方贤才的名牌大学中任职的教授,我经常听到学生们说出"我想拯救世界"这样的高尚之词。而新冠疫情恰恰提供了这样一个严酷的机会。但是,面对如此巨大的问题,如此错综复杂的因素,我们该从何处着手呢?值得庆幸的是,有众多勇敢的创新者挺身而出,为我们指明了前进的方向。他们每个人都能在自己的领域发现一个需要解决的小问题:要么是帮助遏制疾病的传播,要么是修复疾病造成的大部分损害。他们齐心协力,将各自的创新汇集,为拯救这个世界贡献了自己的一份力量。

让我们来认识一下其中一位创新者。在疫情暴发前,美国国家航空航天局(NASA)喷气推进实验室(JPL)的项目工程师斯泰茜·博兰正在实施一项卫星任务,该任务旨在追踪不同类型的空气污染,并将这些数据与地面上人类的健康状况联系起来。随后,疫情席卷了整个世界,她的办公室也因此关闭了。她赋闲在家后,一直和她的团队保持联系,几个星期里,他们都在观望疫情接下来的进展。最后,他们决定不再袖手旁观——与其思考可能发生什么,不如问问在这种情况下他们能做些什么。他们都是工程师,习惯于解决复杂的问题,那他们能为战胜疫情尽一份力吗?

团队的两位领导人，戴维·范布伦和罗杰·吉布斯，每天召开 Webex（网讯）视频会议，询问团队成员："我们中有谁能帮上忙吗？"他们会阅读头条新闻并列出一个清单：

- 我们能解决口罩短缺问题吗？
- 我们能修复中断的供应链吗？
- 我们能创造出一种装置，阻止人们触摸自己的脸吗？
- 我们能否发明一种洗手液的替代品来缓解洗手液短缺问题？

这些都是亟须解决的重要问题，但 JPL 团队知道，要想取得成功，他们必须选择一个他们有所专精并能获得适当资源的问题。时间至关重要。他们决定只关注他们知道自己能够解决的问题，并判定这才是正确的行事方法。因此，JPL 团队每天都会通过 Webex 修订他们的候选名单。在并未获取比你我所知更多信息的情况下，他们只是简单地发问：基于他们所掌握的专业知识，他们能解决什么问题？

然后就传来了呼吸机短缺的消息。由于缺乏呼吸机，加之医疗供应链中断，那些重症监护病房的患者面临大量死亡的风险，而如果有呼吸机的话，他们有望存活。范布伦意识到，JPL 的团队拥有令人难以置信的工程天赋，尽管不具备医学专业知识，但他们可以在呼吸机短缺问题上有所作为。毕竟，他们是太空工程师，他们都能为无人驾驶任务制造机器，那为什么不能制造呼吸机呢？尽管团队在人类生命维持机器方面毫无经验，范布伦还是认为这是一个他们可以切入的问题，于是他们招募并组建了一个愿意提供帮助的工程师团队，其中就包括斯泰茜·博兰。

该团队每天开两次会，以便他们能够专注于以下他们可解决且有意义的问题：我们如何才能制造出一种呼吸机，以帮助缓解呼吸机短缺问题？无论是在这些会议期间，还是会议结束之后，斯泰茜都在思考呼吸机的哪些部分对挽救新冠病毒患者的生命是必要的。医院使用的呼吸机功能繁多，因此是非常复杂的机器。在所有功能中，哪些只适用于新冠病毒患者的功能是医生急需的？团队能用更少的零件制造出同样有用的呼吸机吗？能否让它更便于携带？能否简化操作，让普通人也能操作呼吸机？通过对医学领域的专家进行访谈，斯泰茜和她的团队意识到，对大多数新冠病毒病例而言，全功能的呼吸机根本没有必要。

该团队继续审视他们最初的问题，以期提出一个更具体的问题：我们如何制造一种呼吸机，令其既能治疗新冠病毒患者，又能让医生感到便于使用，还能避免供应链中断？

他们随即开始绘制一种简易型呼吸机的蓝图，并由斯泰茜撰写它的手册，在着手设计之前确定其工作方式——这些都是通过 Webex 远程完成的。该手册通俗易懂，无论你使用哪种语言都没关系，其中的图示清楚地说明了各个部件的用途。

美国国家航空航天局在阿波罗 13 号任务中有一个著名的坊间传闻，所有工程师对此都耳熟能详。在太空中，主系统因故关闭，以致机组人员不得不利用飞船上的设备随机应变，拼凑出解决方案。斯泰茜和JPL团队也秉承着同样的精神：只使用那些他们知道如何获取，且不受疫情导致的供应链中断影响的部件。

JPL团队研制出的呼吸机被命名为VITAL，它只使用可以通过该团队现有商业和制造渠道获得的部件。他们与NASA合作，在加州理工学院的调度下，获得了与28个全球合作伙伴（来自收到的96份提案）合作的许可协议，以确保在全世界任何需要呼吸机的时间和地点都可以稳定地制造呼吸机。VITAL的原型只有一个公文包大小，重约10磅[①]，只使用了400个零件，而普通呼吸机则需要2 500~2 800个零件。

在将原型机送到疫情暴发初期的重灾区——纽约西奈山医院进行测试后，他们得到了医务人员的热烈回应：VITAL呼吸机不仅性能良好，而且具备专业医疗设备的观感。由于体积较小，便于携带，它可以随时随地使用。说明书清晰明了，设备构造简单——按钮和旋钮的数量只有普通呼吸机的一半。大多数呼吸机只能由呼吸治疗师在患者身上操作，而VITAL呼吸机结构简单却功能齐全，因此美国食品和药物管理局（FDA）批准所有经过培训的医护人员都可以紧急使用。看看图3.1和图3.2，一张是JPL团队研制的呼吸机，另一张则是普通的呼吸机。

---

① 1磅约为0.45千克。——编者注

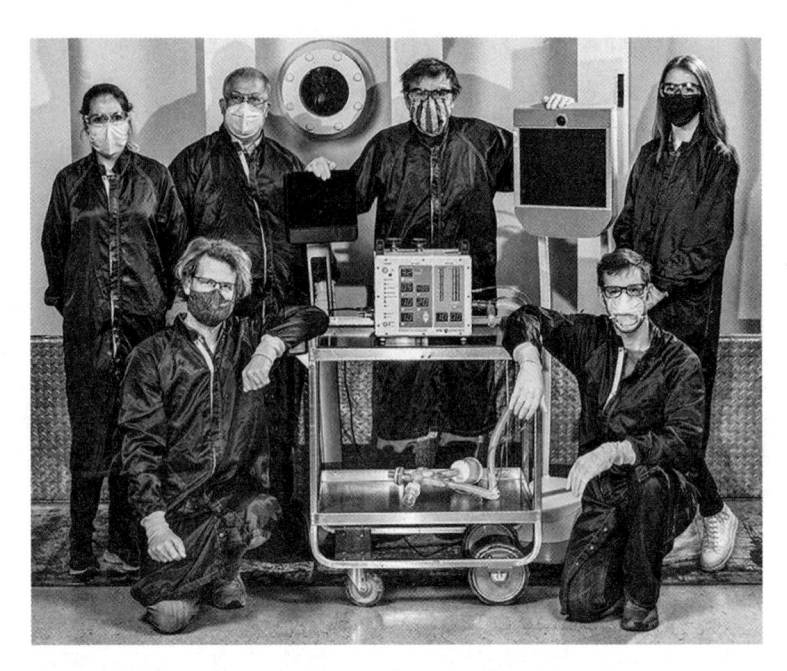

图 3.1　NASA 喷气推进实验室团队为新冠病毒患者设计的呼吸机

资料来源：NASA

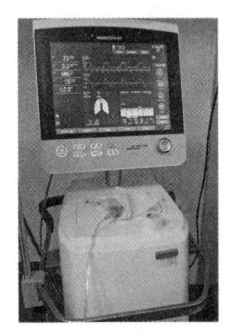

图 3.2　标准呼吸机

资料来源：维基共享资源

在短短 37 天内，斯泰茜和她的团队就走完了大思维的所有步骤。关键的第一步是找到要解决的恰当问题。请注意他们是如何逐步缩小问题范围的：从"新冠病毒"到"呼吸机"，再到"某种呼吸机"。他们以此发现了一个既宏大艰巨又现实可行的问题，在他们的掌控范围内。这就是你改变世界的方式。

问题，问题

让我们再来听听爱因斯坦是怎么说的："一个人必须养成一种直觉，让他得以辨别出那些自己即便尽最大努力也只能勉强做成的事情。"

这个建议简单而深刻。你要尽展所能，但也要量力而行，否则，你就会失败。而且，你不是通过某种分析公式，而是通过"直觉"得知这种界限的，也就是说，你是凭感觉认识到它的。VITAL 的研发团队就是这样做的。这也是我们在大思维的第一步中所要做的。

在这里，我会为你提供一些工具，帮助你找到一个你关注的问题，然后以适当方式来定义它，以帮助你寻找非同寻常的解决方案，从而将你的大创意付诸现实。在踏上这段旅程时，你会进行一些练习，这些练习旨在帮助你以与 JPL 团队相同的方式对你的问题进行陈述和重申，从而找到一个你认为有意义且可解决的问题。

作为选择地图的第一个要素，你需要陈述你的问题（见表 3.1）。首先，你的问题一开始只是一个草稿。这意味着它可以改变，而且在你完成大思维的其他五个步骤的过程中，问题很可能会改变。

表 3.1　大思维的选择地图

主问题：					
子问题 1	X	X	X	X	X
子问题 2	X	X	X	X	X
子问题 3	X	X	X	X	X
子问题 4	X	X	X	X	X
子问题 5	X	X	X	X	X

　　写下你的问题是这一步的关键所在。语言与读写能力跨学科研究中心告诉我们，写作会迫使我们集中精力、制订计划、整理思路。写作是一种创造性的行为——在你写下想法时，你实际上创造了你的想法。如果你有不止一个想法，就把它们都写下来。然后研究你写下的内容。你要找到最能反映你的实际想法的问题版本。

　　如果你有一个想要解决的问题，我希望你拿出一张纸，用不到三句话把它写下来。记住，这只是草稿。

　　在某些情况下，你可能想解决一个切身的重要问题。而在另一些情况下，你可能需要为他人解决问题。无论是何种情况，花几分钟把问题写下来，并尽己所能地用对你有独特意义的词语来表述它。你越能用超越其自身字面意义的词语来阐述你的问题，就越能在接下来的步骤中保持灵感，也就越有可能创造更有意义的解决方案。

　　有可能，在你的头脑中早就萦绕着许多问题，你知道解决这些问题是有益的，它们可能在你看新闻时闪现，也可能在你早晨起床后的例行活动中闪现，或者在你的工作中闪现。当你审视生活的各个方面时，这份问题清单会越拉越长，但你不可能解决所有的问题。你必须选择一个有意义的问题来解决。要做到这一点，请完成以下思维练习。

拿出一张纸，根据下面的提示写下你的答案。对每个提示，试着记下 5~7 个项目。在一周内每天的不同时间做这项练习。

1. 找出你每天都要面对并且希望自己能解决的问题。不要把自己局限在可能的范围内——要超越这种局限，把你能想到的都写下来。然后，在结束每一天的工作时，反思那些困扰你的、你最想解决的问题。哪些问题还会反复出现？如果你有一个冗余或重复的问题，这种冗余本身可能会成为你选择解决它的理由。

2. 想想你感兴趣的话题或你想进一步了解的话题。在日常生活中，我们常常工作繁忙、琐事缠身，以至于忘记了自己还有学习的潜力。我希望你每天都记下你最感兴趣的事情。这些兴趣可能揭示你最热衷的问题，也可能让你在解决问题的过程中学到更多知识。

3. 找到你日常生活中最关心的事情。当我们注意到我们所关心的事情——我们的饮食、我们的宠物、在一天结束的时候读一本好书时，我们便会自觉地开始寻找让这些时刻变得更好的方法。记下你在何时感受到那种深刻的目标感，因为正是在那些时刻，我们会发现自己最在乎的是什么。

查看你给出的完整答案清单。如果你发现某些问题不止一次出现，那就集中精力先解决它们。如果你确定的某个问题、兴趣或目标似乎过于宽泛，那就考虑这个问题中的小问题。例如，如果你的兴趣涉及娱乐，也许你看到的问题是成年人没有足够的机会参加有组织的体育运动。如果你专注于艺术，你可能会觉得应该让更多的人接触古典音乐。如果你属意管理一个组织，也许你会注意到你的工作团队在一个项目上需要一些帮助。在你审视清单的过程中，你会发现你的动机逐渐浮出水面。当你把范围缩到足够小的时候，你就会开始看到一个你能够并且想要解决的问题逐渐成形。

一旦你想清楚了这一切，并确定了你认为你想要解决的问题，请用几句话把问题描述出来。这是确定问题的重要一步，因为把你头脑中的想法写在纸上，可以帮助你更好地理解你想要解决的问题及原因所在。把它写下来可以帮助你将想法具体化，让你想要解决的问题变得更精确。

在我的"大思维"课程中，那些来上我的课的 MBA（工商管理硕士）和工程专业学生会使用大思维来挑战自我，解决各种各样的问题。有些人试图通过解决问题来创造一种产品，比如由全天然原料制成的耐保存护肤霜，或者一种与周围建筑融为一体的不显眼的脚手架。还有一些学生从事社会事业，比如让城市里的所有社区都能使用堆肥，或者缩小第一代移民之间的教育差距。也有一些学生致力于解决与前沿技术相关的问题，比如为小企业创建一个更好的网络安全平台，或者创建一个 App（应用程序），让乘坐同一班火车回家的学生能够联系起来，这样他们就可以在纽约一起安全出行。

这时你可能会问："为什么要有问题呢？难道没有问题要解决，创新就不能自己发生吗？陈述问题会对我们的思维产生约束。难道我们不应该不受约束地自由思考吗？最天马行空的想法就是最具创造力的想法。我们就该做些摘星揽月这样不可能的梦，不是吗？"

错了。

发明家在不以试图解决问题为前提的情况下设计出的发明确实不胜枚举。可这些发明都没有市场。没人想要这些发明。这些发明或许也能奏效，但请记住我们对创新的定义：新颖的、有用的东西。如果没有人愿意用它，那它就不是创新。而这里的"问题"只是指某人想要某样东西，但很难得偿所愿而已。问题不一定像新冠病毒患者的呼吸机那样生死攸关。南希·约翰逊解决了让冰激凌更廉价的问题，而我很高兴她做到了。

你最初列出的问题清单还有另一个作用：它提醒你有很多问题值得解决。因此，如果你的问题陈述在大思维的步骤中发生了变化，这并不意味着你之前的陈述是错误的。你只是在改变方向，以解决不同的问题而已。每一次改变都让你更好地理解什么是自己可能解决的，什么又是你真正想要解决的。

错误的问题

俄亥俄州立大学的教授保罗·纳特研究了358家公司在20年间实施的商业决策。他发现，半数决策之所以失败，是因为它们意图解决错误的问题。一个常见的错误是强加解决方案，例如："我们应该如何利用这项新技术？"你使用技术是为了解决问题，所以你必须先知道问题是什么。人们很容易犯这种错误。很多时候，我们会觉得问题似乎不言自明。不要在这上面浪费时间了，时间就是生命，还是让我们加快解决问题的步伐吧。

想想你上次被安插到一个大团队里，比如和其他6个同事一起待在一个会议室里，并被告知你要解决公司的一个问题的某段经历吧。你和你的同事是否互相询问过你们的意见是否一致？你很可能不假思索地假定，那些每天和你共进午餐的同事，肯定也会发现和你一样的问题，而那些主导小组会议的经理也是如此——他们会认为每个人都在思考和他们一样的问题。毕竟，你们在同一家公司工作，抬头不见低头见，对自己业务的陷阱心知肚明，所以你们必定已在这方面达成一致。所以，你们直奔主题——通过一场快速会议来解决你老板想让你解决的问题，这样还能省下半个小时。你们开始滔滔不绝地给出解决方案，感觉很棒！进展神速！直到你们的经理挠挠头，退后一步看了看白板上乱七八糟的提议，说道："我们在这里要做什么？"相比最初的预期，这个问题复杂得多，而你们的共识却少得多。而且，现实情况是，不可能每个人都意见一致——你们在与会时都各自存了不同的观点和意见，所以你们又怎么可能会不约而同地想到同一个具体问题呢？

托马斯·韦德尔-韦德尔斯伯格在一项研究中观察到了这一现象，106名高管承认，他们有一半的时间是在试图解决他们以为是问题的问题,可在浪费大量时间和精力之后才意识到真正的问题是什么。纳特和韦德尔-韦德尔斯伯格得出了相同的结论:人们倾向于忽视问题定义的步骤,而急于直接解决问题。结果通常是欲速则不达。

这种假定每个人都理解同一个问题的方法,对简单问题或个人问题来说效果还不错。但对复杂一点儿的情况,如果不能在恰当的层面找出恰当的问题,就会导致混乱、精力浪费和产出不佳。如果你想找到恰当的解决方案,在团队活动中首先要做的就是在房间里转上一圈,让每个人单独描述自己认为的问题。这样,每个人都能首先了解问题的定义和框架。从一开始,你们就能看到问题的复杂性,并合力创造一个大家都能致力于解决的集体问题定义。

在问题定义的过程中,错误的一个来源是,人们认为自己知道的往往比他们实际知道的更多。心理学家菲利普·费恩巴赫和史蒂文·斯洛曼将这种现象称为"知识的错觉",即我们会高估自己的专业知识,而低估事物的复杂性。如果你问你的朋友马桶是怎么冲水的,他们可能会说:"这很简单,你所要做的就是压下把手,水箱就会排空,释放压力,把水冲出来。"或者,如果你问你同事是否了解微波炉的工作原理,大多数人会回答:"当然。"但是,如果你让他们画一张示意图,并准确解释这两个例子中的任意一个的整体工作原理,我可以非常肯定地说,他们没有一个人能做到。

知识的错觉的影响远不止我们对简单对象的理解。这个概念可以直接适用于我们对几乎所有事物的思考:从雪花到微波炉,从经济政策到全球变暖。如果考虑到这种效应在团队环境中的存在，许多受其影响的人一起着手解决问题，那么在此情形下你们能解决任何问题反而是怪事了。这就是为什么在发现问题之前了解我们的偏见如此重要，否则，我们能找出恰当问题并加以解决的机会就十分渺茫了。

在大思维中，我们会花整整一个步骤来确定一个问题，这个问题大到足够重要，但又小到足以解决。这个问题还应该是每个参与者都能理解并希望解决的。这一步至关重要，我们需要花费时间和精力，进行修正和反思，才能对问题做出适当的判断，然后继续解决问题。

层次分析

一旦你从一长串清单中挑出了想要着手解决的问题，试着把它改写成一个"如何"的问题。

例如，假设你希望你今年的业务增长10%。把它改写成："我如何发展我的业务？"这就是你需要考虑的，无论增幅是9%还是11%，是今年还是明年。一旦你想出了解决方案，你就会了解什么目标是可能实现的，什么时候可以实现。这时你就可以说："通过实施我的解决方案，我知道如何在9个月内使我的业务增长15%。"这类细节会出现在你的实施计划中，但这并不应包含在解决如何实现这一目标的问题之中。

我们的措辞也要足够开放，以允许众多可能答案的存在。一个常见的错误是在问题中嵌入一个单一的答案。例如："如何创建一个减少食物浪费的手机 App？"这就假定了答案就是手机 App。我们应将其改写为："如何减少食物浪费？"即使在我的"大思维"课堂上的学生中，平均也有 51% 的人认为 App 应该是他们对这一问题的解决方案——App 虽然很可能是他们解决方案的一部分，却未必能解决他们确定的问题。甚至有可能任何解决方案都不会包含一个手机 App，所以你不应该盯住手机 App 不放。

封闭式问题会暗示你的问题只有一个"正确"的解决方案，从而减少你发挥创造力的机会。开放式问题则为你提供了更多创造性解决方案的选择。即使你缩小了问题的范围，情况也是如此。请记住，VITAL 的研制团队在新冠病毒疫情引发的众多问题中只选择了一个有限的问题：呼吸机。而且他们并没有问："我们如何利用 NASA 的技术来制造呼吸机？"他们构建的是一个开放的解决方案。这个解决方案没有使用 NASA 的任何技术。它使用的只是通过 NASA 庞大的供应商网络能找到的简单部件。

一旦你确定了开放式的"如何"问题，我们就会检验它是太宽泛还是太狭隘。此时不妨想象一个倒金字塔。在顶层，也就是最宽泛的层面，你有一个巨大无比的问题；在底层，也就是在最狭窄的层面，问题则很小。这两者之间是不同的层次。你可以沿着这个倒金字塔向上或向下移动，使你的问题范围变宽或变窄，直到你找到合适的层次。

我们称这种方法为"层次分析"（step analysis）。向上一步，扩大问题范围；向下一步，则缩小问题范围。向上一步，你的解决方案会产生更大的影响，但更难解决；向下一步，你的解决方案的影响较小，却更容易解决。你的动机是双向的：你想要产生更大的影响，但如果问题无法解决，它就会削弱你努力解决问题的欲望。你需要向上和向下不停移步，直到找到你动力最大的层次。这就是你想要解决的问题，我们称之为你的个人最佳定位。

我们来看一下空白层次分析表（见表3.2）。把你草拟的问题写在中间一层。然后反复重新定位你的问题，直到你找到自己的最佳定位。如果你们是以一个团队进行分析的，首先以个人的身份进行操作。然后汇总你的图表，形成一个单一的团队图表。你会发现每个人面对的问题都不尽相同。

表3.2　空白层次分析表

向上一步：
向上一步：
草拟的问题：
向下一步：
向下一步：

例如，假设你的问题是："我们如何减少世界上的饥饿？"一个人可能会退几步回答："我们如何减少贫穷国家的饥饿？"另一些人则可能会退到"我们如何减少富裕国家中穷人的饥饿？"你马上就能看出这些细节很重要。这两个不同的问题会让你寻找截然不同的解决方案。

表3.3和表3.4提供了两个层次分析的例子。从中你可以看到，每一次向上或向下的移步都代表了定义问题时的关键决策。

表3.3　层次分析（示例1）

向上一步：减少对环境的一切危害
向上一步：减少一切污染
草拟的问题：减少塑料污染
向下一步：减少使用一次性塑料袋
向下一步：在我的社区减少使用一次性塑料袋

表3.4　层次分析（示例2）

向上一步：替换所有不可生物降解的材料
向上一步：用可生物降解的材料替换塑料
草拟的问题：减少塑料污染
向下一步：减少我国的塑料污染
向下一步：减少我所在城市的塑料污染

在提升或降低问题层次的过程中，你可能会发现自己想用一种截然不同的方式来构建问题。这是非常重要的一课，因为它让你有机会探索和研究解决问题的不同方法，直到你找到一种最合适的。

如果你跳过这一步，只是继续陈述你最初拟定的问题，你就会遇到一些令人烦扰的意外。在一个团队中，这样的意外可能会导致冲突或陷入僵局。因此，不要畏惧事先进行充分而坦诚的讨论，应让团队中的每个成员都谈谈自己的层次分析，并解释其背后的基本原因。团队需要找到一个最佳定位，让每个人都有动力、有兴趣、渴望解决问题。

一旦你找到了你的最佳定位，请做最后的检验。问自己以下两个问题：

1. 我能切实解决这个问题吗？
2. 我是否有动力去解决这个问题？

如果答案是肯定的，那你就可以继续下一步了。

小即美

如果你想以大思维建立大局观，首先却要"从小处着眼"。这听起来可能有些不进反退的意思，却是我几十年来在这一领域的个人经验之谈。一般来说，我发现人们的"层次分析"的起点会定得太高。有时，一些人的起点则会定得很低，因为他们担心自己无法解决一些过于宏大的问题。但是，在大思维中提升问题层次的关键在于，你首先要有能力解决问题。从这一点出发，你就能对自己的解决方案的影响范围有更准确的体认。

VITAL 的研制团队就从非常高的层次——应对新冠疫情危机，降到了一个非常低的层次——制造出简单易用、无须专业人员操作的一次性呼吸机。一旦他们有了自己的解决方案，这种解决方案便因其既廉价又易于制造和使用的特点而在全球范围内掀起了一股热潮。而在制造 VITAL 呼吸机之前，他们根本无法预测这项创新的未来潜力。

下面让我们来看一个真正的大问题：消除美国的种族隔离和种族主义。马丁·路德·金博士曾经说："我梦想有一天，我的 4 个孩子将生活在一个不是以他们的肤色，而是以他们的品格优劣来评价他们的国家里。"他用这些言辞所描绘的是一个不以种族划分优劣的世界。这是一个崇高的理想，但金本人并没有实现它。他所取得的成就是领导了一场运动，迫使国会于1964年通过了《民权法案》，将种族歧视定为非法。这已然是一项了不起的成就。

那么金博士是如何做到这一点的？他从小事做起，也就是蒙哥马利抵制公共汽车运动。受甘地在印度开展的非暴力不合作运动的启发，亚拉巴马州蒙哥马利市的黑人居民，其中最著名的是罗莎·帕克斯，发起了对该市种族隔离的公交系统的抵制，并因此锒铛入狱。这一行动取得了成功，南方基督教领导委员会因此受到鼓舞，在美国南方各地一而再，再而三地开展这一行动。由此产生了学生非暴力协调委员会，成千上万的大学生和高中生在白人午餐柜台和其他种族隔离场所静坐，从容被捕。结果便是引发了一场群众运动。这就是为什么在金博士发表那场伟大演讲的那天，有25万人到场，这是当时美国历史上规模最大的集会。

相比之下，现在让我们考虑一个看似平平无奇的问题：如何让在家看电影更方便？着手回答这个问题的是里德·黑斯廷斯。他之所以想到这个问题，是因为有一次他因为没能准时把一部租来的电影还给百视达（这部电影是《阿波罗13号》），而不得不支付40美元的滞纳金。在开车前往百视达的路上，他恰巧经过一家健身房，这让他意识到一件事：没有人付给健身房滞纳金。去健身房需要交月费。交了这笔费用，你可以想去多少次就去多少次。为什么视频租赁领域就不能如法炮制呢？

黑斯廷斯刚刚卖掉了自己的软件公司，因此他有时间和资金来解决这个问题。当时，电子商务正在崛起，亚马逊已经发展壮大，因此黑斯廷斯想知道是否可以通过跳过实体店来降低成本。为什么不采用邮寄的方式来进行借还呢？讨论这一问题时，不应忘记当时的技术背景。当时DVD（数字激光视盘）刚刚出现，还在与录像带竞争市场。于是，黑斯廷斯买了一张DVD，将其邮寄给自己。它完好无损地寄到了。就像亨利·福特一样，黑斯廷斯也利用了一项新技术，不仅是因为这项技术存在，而是因为他看到了它所能解决的问题——将电影拷贝安全地送到人们的家中。

  网飞帝国就此诞生，它最终在首次公开募股中获得了8 250万美元的融资，据统计，它的估值已超过848.2亿美元。网飞是好莱坞的顶级竞争者。截至2022年，网飞工作室制作的8部电影获得了奥斯卡提名。本书无意对网飞取得的成功大书特书，它也并非始终都是成功的。重要的是黑斯廷斯所展现的有条不紊、按部就班地解决问题的方法。归根结底，网飞的成功并非来自其收入或用户基础，而是来自黑斯廷斯对其领域（影片光盘租赁）进行改革，进军新领域（流媒体），并在一段时间内主导市场的能力。只有在解决了较小的滞纳金问题之后，他才着手解决一个更大的问题：如何让每个人都能更便宜、更轻松地在家看电影？如果不先从小问题着手，黑斯廷斯恐怕做梦也想不到会有这个更大的问题。

  这里的意思不是让你自降目标。金博士从未放弃自己的梦想——建立一个不以种族划分优劣的国家。但他找到了一种方法，通过先解决较小的问题来实现这一目标。

激情测试

你必须对一个想法、一个问题或一个你想要纠正的错误充满激情。如果你从一开始就没有足够的激情,你就永远无法坚持下去。

——史蒂夫·乔布斯

忠于自己的欲望是灵魂的责任。它必须将自己交由激情主宰。

——丽贝卡·韦斯特

大思维可以帮助你唤起你本就拥有,但可能对此并不自知的激情。我们往往疲于应付生活和工作中不计其数的任务,却很少思考自己的激情何在。事实是,你有许多潜在的激情,这种激情并不是单一的,也未必是你一开始就意识到的。如果你在新冠疫情袭来前问斯泰茜·博兰:"你想制造一台呼吸机吗?"她可能会告诉你,她正为自己的卫星项目忙得不可开交。但如果她花点儿时间思考一下这个问题,并从目前的工作中抽身出来审视一番,那么答案可能是"是的,我想",甚至在新冠病毒疫情之前也是如此。毕竟她是个工程师。这是一个非常有趣且有价值的难题。

你不可能预知人生的所有曲折,看到前路上还有哪些柳暗花明。因此,你无法确定在未来的某个时刻,你会对什么充满热情。

针对这一基本的人性真理，我为大思维的第一步设计了自己的"激情测试"。它可以帮助你回答这样一个诘问："这是不是一个我愿意在短期内投入大量时间去思考的问题？"

一旦你有了想要解决的问题，试着用3~5分钟的时间来描述它。一遍又一遍地把它大声说出来，直到它在你的记忆中定格下来。然后带着问题上路：把它讲给25个人听。这些人可能是你的朋友、家人、同事，甚至是你由于其他原因邂逅的陌生人。向他们描述你的问题，然后问他们是否想过这个问题——谁又最希望看到这个问题得到解决。

向25个不同人士描述问题之后，你就会明白自己对这个问题到底有何感觉。我称这一过程为"创意协助"。每次描述都让你兴奋不已吗？还是说，不断重复会让它变得乏味？也许在这个过程之后，你会更有动力去解决问题。人们的一些言辞甚至可能让你改变问题的陈述。这没关系。最后的陈述是否还是你想解决的问题？你可能想要回到层次分析，向上或向下移步，找到一个更能激励你或看起来更可行的问题。无论何时，只要你在接下来的大思维步骤中修改了你的问题陈述，都要实施这个激情测试，哪怕只是一个更简短的版本也行。如果你在做了激情测试后发现自己对该问题感到厌倦，那就放弃吧。你应该找到一个更符合你的愿望和兴趣的问题去追求。

还有一个小窍门，这个窍门是斯泰茜·博兰本人提供的。她声称，JPL团队每天都像念咒语一样大声重复他们的问题。这让他们保持动力和专注，并让他们团结一心。每个人都为能参与其中而感到与有荣焉，因为他们有机会对更广阔的世界产生影响。

这个激情测试是对我的博士生卡尔·布莱恩·霍顿创建的激情练习的改编。我们希望找到一种方法，帮助加入"大思维"课程的学生了解：他们即将花上一整个学期来解决的问题究竟是不是他们所热衷的。根据我们自己的经验，仅仅问"你对这个问题有激情吗？"是不够的，因为激情总会有起伏。

相反，我们决定营造一个被学生们称为"哥伦比亚商学院最有趣的日子之一"的活动。我们称之为"创新集市"。在这一天，大约有 100 名 MBA 和工程专业的学生带着他们热衷于寻找解决方案的问题来到教室。在两个小时里，他们分成 3 人一组，不多也不少，并在不到一分钟的时间里向小组成员陈述自己的想法。他们要解释自己想要解决的问题，以及为什么这个问题对他们很重要。通过限制每个轮换小组的人数，他们在两个小时里需要陈述自己的问题最少 20 次，最多可达 40 次。试想一下，在两个小时里反复陈述自己的问题——你会感到乏味还是越发热情洋溢？

每次活动的开场都是一样的。我们会让他们填写一份调查表，其中包括几个问题：

你想解决的问题是什么？把它写下来。

以 1~7 分表示，1 代表完全没有激情，7 代表非常有激情，你觉得自己对问题多有激情？

然后，他们就开始踊跃发言了！当我的学生们互相推销自己的想法时，整个教室就像春暖花开时的蜂巢一样嗡嗡作响。

当推销环节结束时，我们让他们填写一份后续调查问卷，并询问：

> 以 1~7 分表示，1 代表完全没有激情，7 代表非常有激情，你现在觉得自己对问题多有激情？
>
> 在整个过程中，你多久修改一次你的推销用语？（在大思维中，这个问题意味着他们要么提升了问题层次，要么降低了问题层次。）
>
> 你想解决的问题是什么？写下你的新问题定义。

通过让学生写下他们来到课堂时的问题，再写下他们离开教室时的问题，他们便更能看到他们的问题在两个小时里发生了多大变化。此外，我们还使用自然语言处理技术分析学生的回答，记录他们对问题的措辞变化，以便更好地记录他们的修改。你可以在图 3.3 中查看这种语言分析。

你可能会认为，如果你真的对某件事充满热情，你就会坚持到底。你的想法内容不应该有所改变，对吗？事实上，我认为恰恰相反。如果你在积极思考这个问题，那么你就应该乐于以不同方式加以构思和重构。只有通过构思和重构，你才能知道你感兴趣的问题是什么，以及你是否有动力为此花费所需的精神和情感能量，来使事情变得更有意义。

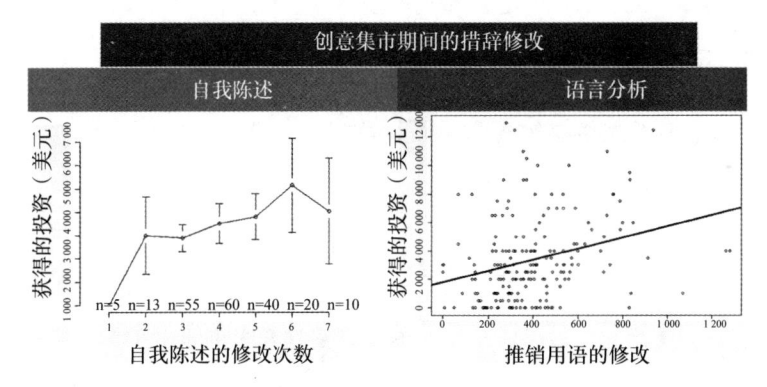

图 3.3 激情测试数据对比

现在，回想一下我刚才说明的"创新集市"的架构。这看起来像是一场基本的创意工作会议，对吧？好吧，这里还有一个我喜欢加入的小花样，它深化了参与者的利益关系：房间里的每个人都必须选择 3 个人来"投资"。我们用 3 种不同颜色的纸来代表不同的货币数量，创造出了自己的货币。一张粉红色的纸条意味着你得到了 300 美元的投资，一张橙色的意味着你得到了 500 美元，一张绿色的则意味着你得到了 1 000 美元。学生不能投资自己的问题，他们只能投资自己所听到的问题。在课程结束时，我们会看一下数字，看看谁赢了，或者说，谁获得了最多的投资。

我举办这样的活动已经很多年了，学生们总是最喜欢这一天。他们大谈自己从中学到了多少知识，活动有多么令人兴奋，以及活动如何帮助他们结识了新朋友。甚至那些自称内向的学生都说他们玩得很开心！几年来，我积累了这方面的一些有趣见解。以下是我的一些经验之谈：

1. 我的学生中有近20%的人表示，在向他们的MBA和工程专业的同学不停地推销了两个小时之后，他们对自己想法的热情有所减退。
2. 我的学生中有35%的人在"创意协助"的过程中改变了他们推销问题的方式。
3. 那些在激情练习后表示激情有增无减和修改了推销用语的学生获得的同伴投资约是普通参与者的4倍。普通参与者获得的同伴投资约为1 150美元，而那些表示自己比之前"更有激情"并"修改了自己的推销用语"的参与者则获得了4 882美元。

我经常想，只要对"创新集市"稍加修改，它便会成为任何一位CEO（首席执行官）提高企业创新能力的巧妙工具。每个公司都有堆积如山的问题。但是，应该从哪一个开始解决呢？哪些问题的解决会得到组织内部的最大支持？每年，合伙人和高管级别的成员都会聚在一起进行年度团建，这已成了一种惯例。想象一下，如果这种团建以这样一个简单而深刻且对公司未来有所裨益的实践开始，会是何种情景？ CEO问："你们能写出一个我们公司面临的问题吗？如果我们解决了这个问题，它会对公司的盈亏底线产生重大影响。告诉我这个问题是什么，它为什么重要。"然后就像集市上的学生一样，让每个人以3人一组的方式轮流陈述他们的问题。他们也必须投资他们认为对组织未来有重大影响的问题。想象一下，通过这样一种简单的实践，各级领导便可以了解他们组织中各个层面的问题！哪些问题会脱颖而出？哪些问题的措辞相似？哪些问题值得解决？哪些问题会对公司的盈亏底线产生重大影响？

创新集市既发人深省又令人兴奋。它使我们认为有意义的问题得以浮出水面，并反复磨砺我们，直到我们找到一个值得解决的问题。

一个拯救世界的机会

我们都听过不少新冠病毒大流行期间涌现的英雄故事，无论是一线工人、杂货店店员还是研发疫苗的科学家，都有机会成为这些故事的主角。其中有个英雄故事讲述的是新冠病毒疫苗的研制，还有这一过程所展现的惊人效率。它由那些研制疫苗的科学家——BioNTech（拜恩泰科）公司的卡塔林·卡里科、宾夕法尼亚大学的德鲁·韦斯曼博士、辉瑞公司的菲利普·多米策博士和莫德纳公司的汉密尔顿·贝内特等人——各自的故事组成。但他们的故事在一开始时，都只是这个宏大整体图景中的一块拼图碎片而已。

故事始于 2018 年，当时辉瑞开始与一家名为 BioNTech 的德国小型生物技术公司合作，该公司由乌尔·萨欣和厄兹勒姆·图雷西共同创立。BioNTech 的过人之处在于其创始人认识到了卡塔林·卡里科及德鲁·韦斯曼在 mRNA（信使 RNA）技术应用方面所做的突破性研究的价值所在。尽管 mRNA 技术已被用于癌症治疗和寨卡病毒防护的实验，但它尚未充分发挥潜力。与辉瑞公司的合作使这个小科学家团队能够着手开发一种基于 mRNA 的流感疫苗，而非以往效率较低的基于抗原的疫苗，以应对流感病毒的适应能力。当时这似乎还是一个相当遥远的梦想，直到 2019 年 12 月，中国报告武汉暴发了一种神秘的呼吸道疾病。

在全世界的关注下，这种全称"严重急性呼吸综合征冠状病毒 2 型"（SARS-CoV-2，即新冠病毒）的病毒开始在全球范围内传播——最初是以缓慢而稳定的速度蔓延，然后暴发，一发不可收。到 2020 年 1 月，中国疾病预防控制中心（CDC）在病毒序列共享平台 GISAID 数据库上发布了新冠病毒的序列。仅两个月后，新冠病毒就被宣布为全球大流行病，因为该疾病被发现在无症状和有症状的个体之间都具有高度传播性。时间紧迫，刻不容缓，而使用病毒抗原制造传统疫苗显然耗时太长。卫生官员为此大声疾呼，需要迅速开发一种疫苗，它能够迅速进行大规模临床试验，授权快速使用，大规模推广，并在全球范围内分发。

乌尔和厄兹勒姆意识到这可能是 BioNTech 千载难逢的拯救世界的机会。两位创始人联系了辉瑞公司时任副总裁兼病毒疫苗首席科学官菲利普·多米策博士，建议他们将 BioNTech 与辉瑞的合作项目从流感疫苗转向新冠病毒疫苗。在得到多米策博士的批准后，BioNTech 的科学家们利用新冠病毒的病毒序列测试了 mRNA 技术的真正威力，并开发出了一种新疫苗。

BioNTech 和辉瑞公司的科学家们最初草拟的问题是："我们如何在实验室中制造出有效的 mRNA 疫苗？"（就像针对寨

卡病毒的疫苗一样。）而现在他们仓促提出了面临的新问题。他们现在不得不问："我们如何才能用一种全面的、工业化的疫苗来拯救世界，提供数十亿剂的 mRNA 疫苗，并在不同人群中证明其安全有效？"这可能是一个漫长的过程，但辉瑞公司和 BioNTech 公司知道，mRNA 技术正是他们找到快速解决方案所需的技术。

多米策博士曾在一次电话访谈中告诉我："我们甚至不确定 mRNA 技术能否充分发挥潜力。我们期望研制出的疫苗能有 60% 的有效率，类似于流感疫苗的有效率。这是一场赌博，但值得冒这个险。我们需要科学家和试验参与者持之以恒，以确保万无一失。"他还总结道："疫苗研发的失败，可能并不是因为它们不起作用，而往往是因为它们的研发被叫停、项目被关闭或资金被削减。我们在这个时候可输不起。"

辉瑞和 BioNTech 的科学家发现，他们可以利用 SARS-CoV-2 的 mRNA 指令，为疫苗构建一种独特的非病毒性的蛋白基抗原。辉瑞公司的 CEO 艾伯乐向多米策博士和辉瑞公司的团队提供了无限的资源支持，以确保尽可能快速有效地生产疫苗。在艾伯乐宣布他的支持后不久，FDA、世界卫生组织（WHO）、中国疾病预防控制中心和美国政府联合发起了"曲速行动"，并提供了 180 亿美元的资金，以期尽快找到解决方案。

虽然辉瑞公司完全用投资者的钱资助疫苗开发，但美国政府通过"曲速行动"组织和激励的合作却是实打实的。辉瑞和 BioNTech 的故事不仅代表找到一个简单的解决方案，更代表了一个难得一见的时刻：各行各业的人，政府、大型组织和国家，可以为了全世界的利益而团结起来，共渡难关。

　　大约在 2020 年中期，辉瑞公司的科学家们认为他们可以开始测试疫苗原型了。随着相关工作的展开，他们必须将最初的问题分解成更小的问题，再将后者委托给不同的团队去执行。这些子问题包括：

1. 我们如何为疫苗选择正确的抗原和 RNA（核糖核酸）类型？
2. 我们如何在尽可能短的时间内测试这种疫苗的安全性和有效性？
3. 我们该如何将以前只在小规模临床试验中试生产的疫苗的生产规模扩大到能够为全世界人口提供免疫接种的水平？
4. 如果这种疫苗在大部分时间内必须保存在 -90°C~-60°C 的储存条件下，我们该如何分发这种疫苗？

　　为了确保疫苗的需求得到满足，多米策召集了所有部门的领导，每天从早到晚不停开会，不断复盘他们正在解决的问题及其后续环节。多米策博士说，正是在这些日复一日的会议中，诞生了最多的想法。正是有了这些会议，每个人都分享了自己的想法和反馈，疫苗才得以在短短 248 天内制造出来，且有效率达到 95%，远远超过了最初预计的 60%。

辉瑞的 mRNA 疫苗将作为 21 世纪最伟大的创新之一而被载入史册。从任何意义上说，这都是一次毋庸置疑的成功。你可能会说他们的成功是大势使然，毕竟，他们拥有无限的资源和人力资本来研发疫苗。但是我们不应忘记的是，有多少问题是我们愿意投入资源去解决，可至今仍然没有找到一个适用的解决方案的呢？最后，辉瑞-BioNTech 的新冠病毒 mRNA 疫苗的故事告诉我们，当我们以参与解决方案的各方都能理解的方式定义问题时，我们更有可能创造行之有效的解决方案。

无论你是谁，也无论你要解决的问题是大还是小，解决问题的第一步都是要明确问题的定义，以便你和他人明白问题的目的。只有当你在这个过程中不断重复陈述该问题，你才能发现如何思考和讨论你正致力于解决的问题的特定部分。

04 第二步：分解问题

组成你问题的子问题有哪些

看看你在"选择地图"中的主问题，再看看子问题。仔细审视它们。你可能会发现，你想要解决的真正问题并不是位于你的"选择地图"最上方的那个问题，而是其中的一个子问题。很多时候，我们一开始选择了一个太宏大或太模糊的问题。只有当你把问题分解后，你才会窥见你想要解决的具体问题。

比赛规则

1891年，詹姆斯·奈史密斯在马萨诸塞州斯普林菲尔德学院担任体育教师。那年他31岁。一年中有3个月的时间，他的学生们可以在户外活动，尽情在美式橄榄球、棒球、长曲棍球、英式橄榄球和足球的球场上奔跑。但在漫长而阴晦的冬季，他们只能闷在体育馆里，变得无所事事、烦闷暴躁。奈史密斯的老板卢瑟·古利克交给奈史密斯一个任务：让学生们做一些新活动来解决这个问题。

他们两人一起分解了问题，知道需要通过这个新活动来解决

4个子问题：

1. 它必须适合在室内开展，而不是在室外的开阔场地上。
2. 它同样需要户外运动所需的速度、力量、技巧和复杂性，以保持学生的身心健康，防止产生厌倦情绪。
3. 它不能太粗野：球员摔倒在地时，接触的是坚硬的地板，而不是松软的泥土。
4. 它必须是一项团队活动，能让很多学生在一个有限的空间里同时参与。

奈史密斯从现有的户外运动中汲取各种元素，以创造一种新的团队游戏。长曲棍球和足球都使用圆球，队员互相传球，将球送入对方球门，但不能用手触球。英式橄榄球和美式橄榄球也有传球，还要用到手。而在足球比赛中，不能推搡或撞击对手——如果你这样做了，对方就会获得一次任意球机会。

如此，奈史密斯已经找到了关于新活动的大部分拼图碎片：这是一种团队游戏，球员们用手传球，不能互相推搡或撞击，一旦推搡或撞击就会让对方获得任意球的机会，并且得分需要将球送入"球门"。但是什么样的球门呢？在橄榄球比赛中，球门是一条线。而在一个小房间里，这样设置未免会令破球门太过容易。足球和长曲棍球的球门是一张大网。这让情况大为改观，但这样的球门还是太大了。他应该把网再缩小点儿吗？

最后一块拼图来自奈史密斯小时候玩过的一个消遣游戏：石

头上的鸭子。在这个游戏中，每队会在一块巨石上放一块大石头作为"鸭子"。两队互相向对方的鸭子扔石头，为的是把它从巨石上打下来。在体育馆里，奈史密斯钉了一个桃子筐权充"鸭子"，并用一个足球代替了投掷的石块（见图4.1）。

篮球运动就这样诞生了。

在本章中，你将采用这种方法来解决你自己新定义的问题。你将像奈史密斯一样，在解决大问题的总体目标下，将问题分解成若干子问题。你将了解到为什么分解问题很重要，不这样做会发生什么，以及为什么这一过程不仅仅是分析——它本身就是一个创造性的过程。

图4.1 詹姆斯·奈史密斯手持篮筐和球

资料来源：维基共享资源

最后一个注意事项。我们并不确定奈史密斯是否了解其他球类运动的历史，或者他是否借鉴了这些运动。但古代的"中美洲球类运动"与现代篮球运动有着惊人的相似之处：这种运动在墙上高高放置一个垂直的篮筐，运动者需要将球投掷进去。也许奈史密斯知道这一运动，也许他不知道，又或者这项中美洲运动曾成功影响了其他运动，而这些运动在几个世纪后又影响了奈史密斯。无论如何，问题的关键都是一样的——创造性突破中的要素并不会改变。

构建你的选择地图

还记得乔治·米勒吗？他发现人们只能在头脑中同时处理5~9个项目。奈史密斯只分解出了4个子问题，还在这一范围之下。我会尽量避免将问题细分为5个以上。这不是一条硬性规定。但根据我的经验，它是有效的。如果子问题太多，要想一下子理解所有问题并找到解决它们的思路就太难了。

现在，既然你已经在地图的最上方填入了草拟的问题（见表4.1），那么是时候填写子问题了。请记住，选择地图并不是一张像工作申请表或贷款申请表一样需要填写的表格。它是你脑海中未知的、不断变化的地形图。当你有了新的发现，转了新的弯时，你会记录下自己不断变化的路径。你已做出的选择便会显现在这幅地图上，将你的旅程引向更进一步的选择，直到你到达目的地。

表4.1　大思维的选择地图

主问题：					
子问题1	X	X	X	X	X
子问题2	X	X	X	X	X
子问题3	X	X	X	X	X
子问题4	X	X	X	X	X
子问题5	X	X	X	X	X

什么是子问题？简单来说，就是大拼图中的一块碎片。当你解决了每一个子问题后，它们就会汇聚在一起，让主问题迎刃而

解。在大思维后面的过程中，对每一个子问题，你都要在其所在行的单元格中填入一些例子，以表明在某个时间、某个领域，某个人在某种程度上解决过这个问题。想想巴托尔迪和埃及古墓雕塑，或者牛顿和开普勒定律间的关系吧。单元格中填充的元素将构成你的最终解决方案，而子问题则会引导你寻找这些元素。

草草完成问题分解步骤或假定子问题不言自明的做法可能很有诱惑力。但就像试图跳过对整体问题的定义一样，这是大错特错的。在这一点上，你越深思熟虑，结果就会越好。不要急于求成，花点儿时间，以思考得更多、更深入……也更具大局观。

分解 vs 分析

分解问题并不是一个新想法。你会发现有很多方法可以做到这一点。麦肯锡的咨询师芭芭拉·明托以亚里士多德为灵感来源，提出了大受欢迎的 MECE 概念，即将问题分解成相互独立（mutually exclusive，ME）和完全穷尽（comprehensively exhaustive，CE）的部分。工程师通过根本原因分析来发现问题的症结。波特的五力分析模型可以帮助你分解公司战略，找到其竞争优势。SWOT 分析法则将形势分为四类：优势（strength）、劣势（weakness）、机会（opportunity）和威胁（threat）。营销人员则采用 4P 理论将问题分解为 4 个"P"：产品（product）、价格（price）、渠道（place）和推广（promotion）。有无数种问题分解方法可供我们选择。

那我们为什么要选择子问题呢？

因为上述其他方法适用于更早的阶段。它们实际上关乎"发现"问题。它们分析情况，帮助你找出要解决的问题。而在大思维中，你已经发现了问题所在。现在你要做的是把它分解开来。在你开始大思维的第一步之前，使用这些方法都无不可。但是，一旦你确定了问题，其他方法就无法帮你搜索例子了。看看选择地图：你如何用这些方法来填充它呢？

为了阐明我的意思，让我们来看看根本原因分析的实操。这个例子来自维基百科的一篇标准文章：

机器因过载而熄火，保险丝烧断了。我们问它为什么会过载。答案是：轴承上的油不够。

为什么油不够？答案是：自动润滑器泵出的油太少。

为什么泵出的油少？答案是：泵的轴磨损了。

为什么轴会磨损？答案是：金属废屑进入泵内，磨蚀了轴。

根本原因：金属废屑。解决了这个问题，就可以避免一系列问题的发生。相比之下，不完整的原因分析会以保险丝、轴承或油泵的更换告终，最终导致问题再次发生。

很清楚明了，对吗？但维基百科的例子还没结束：

如果没有过滤器防止金属废屑进入系统，那么真正的根本原因可能是设计问题。或者如果有一个过滤器，但由于缺乏例行检查而被堵塞，那么真正的根本原因就是维护问题。

事实证明，金属废屑本身并不是根本原因！我们还得再往前追溯，看看这些废屑是怎么进入油泵的。

维基百科的例子还在继续：如果泵没有过滤器，或者缺乏专业维护，我们又要问：为什么？以此类推……我们经由一系列层次越来越深的问题不断回溯。最终，我们可能会找到泵的实际设计问题，或影响维护人员的调度、配置和培训的劳动力问题。这条路有尽头吗？我们要追溯到多远？

这个例子的作者在油泵问题上停止了追溯，这个问题可以通过改善过滤器维护来解决，如果没有过滤器，可以通过加装一个过滤器来解决。太棒了！这些都是很合理的解决方案。但它们并不是根本原因分析的结果。解决方案不是来自分析，而是来自工程师的经验，他知道过滤器问题很容易解决，所以没有必要继续深入探究。

根本原因分析假定问题的根本原因比其实际情况更小或更容易解决，这就是为什么它在评估机器等简单的自包含系统时最有效。而在现实中，你不可能总能解决"根本问题"，这些问题通常有多个原因，而且这些原因要么太大，要么无解。根本原因分析适用于技术性、机械性的问题，这些问题的根源是可以追溯的。但根本原因分析无法解决诸如"我做服务员赚不到钱"这样的问题。这个问题的根本原因可能是"我的班次不够多",而这又可能是因为没有足够的额外时间再上一轮班。造成这一问题的另一个原因可能是,由于经济不景气或劳动力的价值被低估,顾客没有给服务员足够的小费。这种根本原因分析会使问题变得更大,而不是更小,结果反而导向了一些你无法加以妥善解决的原因。

同样,MECE 听起来合理而实用。但在复杂的问题中,各个部分是相互关联而非相互排斥的。我们从刚才那个简单的根本原因的例子中看到,你可以将任何问题揭露到愈加深入的层次,所以你的清单永远不会完全详尽。即使前文中的这名服务员将国民经济纳入自己的 MECE,也是不够的,因为国民经济会受到世界经济的影响。我们的清单会不断扩大,远远超出我们对这些事物力所能及的影响范围。

图 4.2 提供了一个典型的 MECE 示例。

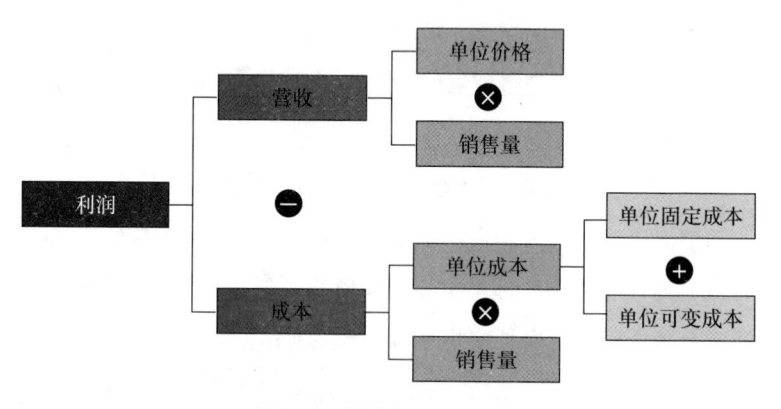

图 4.2 典型的 MECE 示例

这种细分很有道理，但它不是问题分解。它描述的是一种情况，而不是一个问题。这是一个数学公式：做完所有的数学运算，结果等于"利润"吗？这是一种发现问题而不是分解问题的方法。在填写这些数字时，假设你发现自己的单位价格比竞争对手高很多。现在你发现了一个问题！很好。之后便是时候诉诸大思维了。将这个问题置于选择地图的最上方，将其分解为多个子问题。

对上述所有情况分析方法都应如此。如果这些方法能帮你找到要解决的问题，那最好不过。可一旦你找到了问题，就不要跳过大思维的第一步。在我们之前对设计思维的介绍中，你可能还记得它的三个阶段：分析、构思和实现。设计思维适用于第一步和最后一步，而大思维则适用于构思。我们在这里提到的各种方法主要适用于分析阶段。之后，便是大思维的用武之地。

一个需要分解的创意

那些讲述商业成功尤其是巨大的商业成功的故事，往往听起来像一个拙劣的童话故事：从前，一个企业家一觉醒来，就有了一个彻底改变行业的绝妙想法。他开始努力实现这个想法，并很快取得了成功！如今，我们知道连童话故事都不会这样讲，创新更不是这样来的。然而，我们却一直在重复这些故事。也许，独行天才凭借一个想法就能在一夜之间改变世界，这样的故事有些浪漫吧。但现实中的创新却总是平凡得多。正如我们在之前对历史上一些最伟大创意的案例研究中所看到的，总是有一个不那么引人注目的思维结构，帮助创造了相应的条件，让创新得以蓬勃发展。请记住：问题和理解问题的过程是核心所在。在大思维中，我们通过定义问题并从这些问题中寻找机会来发展创意。

这里有一个更像样的故事。

1994年，拥有计算机科学背景并对科技颇感兴趣的对冲基金分析师杰夫·贝佐斯开始在一种名为互联网的快速扩张的新网络中看到了商业潜力。他考虑的第一个问题是：我如何通过互联网赚钱？他花了几个月的时间想出一些创意并测试它们的可行性。首先，他想到了一种由广告支持的免费电子信息服务（很像雅虎最终创建的平台）。然后，他又琢磨着是否有可能使用互联网进行股票交易（类似于后来的亿创理财）。不过，他还是没有足够的信心去冒险创业。

最终，有一个创意脱颖而出，并让他深深着迷，那就是利用互联网直接向消费者销售产品。

分解问题的艺术

贝佐斯必须解决的问题是，他如何才能在网上建立一个中央市场，并使其成为各类企业及其客户之间的中介。他有一个雄心勃勃的愿景，这是选择创新问题的关键。在试图提升问题层次之前，他把问题进行了分解，从而很好地处理了这一问题。

一个主要的子问题是，必须让客户相信电子商务是安全、便捷、可靠和廉价的。贝佐斯可以卖些什么来让他们放心呢？他列出了20个可能的产品类别，包括服装、音乐、软件、办公用品……和书。然后，他用以下标准来评估这些产品的适用性：

1. 它是易损的吗？能否安全邮寄？
2. 它是否具有一致性？也就是说，无论谁在出售，它都是一样的？
3. 它的价格是否低廉到足以令商家赢利？能否以低廉的价格购买并以低成本交付？

书完全符合这些标准。更妙的是，已经有两家经销商储存了所有主要出版商的所有图书，这让他可以很容易地拿到这些图书。实体书店只能有几千种图书的库存，选择有限。贝佐斯直接与这两家分销商打交道，就可以为顾客提供任何已出版的在售图书。这似乎是一个惊人的想法——独特而创新！然而，贝佐斯并不是第一个想到这个点子的人。当时已经有几家书店在网上销售图书，但这也就给贝佐斯的事实调查增加了些许工作量。当贝佐斯意识到这一点时，他对这些书店的网站进行了仔细研究，并对它们进行了测试：他从加利福尼亚州帕洛阿尔托的一家书店购买了一本价值6.04美元的艾萨克·阿西莫夫所著的《赛博梦》，以研究其物流过程。这本书不仅花了数周时间才运抵西雅图，而且到他手上时已经严重损坏。撇开书的破损情况不谈，贝佐斯一定很兴奋——他刚刚发现了一个新的需求：一个新的子问题！

他发现的另一个子问题是在哪里开展业务。两大图书经销商之一位于俄勒冈州，因此在西海岸开店很合适。贝佐斯曾考虑加利福尼亚州，但加利福尼亚州的税法使其缺乏吸引力。另一方面，华盛顿州没有所得税规定，他的父母也住在那里。如果他搬回家，他就可以在父母的车库里工作，离俄勒冈州的图书资源库也很近。1994年年底，贝佐斯做出了决定。他辞去了在纽约的工作，和妻子开车来到西雅图。当年11月，他注册了一个网址，几个月后，他创办了亚马逊网站。当一位顾客订购一本书时，贝佐斯会从俄勒冈州的经销商那里以五折的一般批发价购买。一两天后，这本书通过UPS（联合包裹服务公司）运到西雅图，然后贝佐斯重新包装，将书寄给顾客，从中赚取微薄的利润。

亚马逊花了数年时间才将这一购物系统涵盖的范围扩展到其他产品，成为我们今天所熟知的"一网打尽式商店"（the everything store）。但是，贝佐斯的创新方法凸显了大思维的几个核心原则，从而为公司的成功奠定了基础。首先，他有一个雄心勃勃的目标：发展电子商务。其次，他找到了一个复杂层次可以提高或降低的问题。再次，通过研究其他公司开展的尝试，并留意它们是如何及为何失败的，他确定了自己能够解决的问题。最后，他将计算机科学、金融和销售等不同领域的想法结合起来，发展出一种全新的模式。

事后来看，问题的分解似乎是显而易见的。从解决方案倒推，你就可以看到它所解决的问题的各个部分。但是，如果不借助后见之明，要预先做到这一点实际上是相当具有挑战性的——没有大量的亚马逊网站同时涌现本身便是最好的证明。尽管困难重重，但正如奈史密斯和贝佐斯等创新者所展示的那样，为这种追求付出努力是非常值得的。

当人们从问题直接跳到解决方案，而不曾停下来对问题进行分解时，他们在速度上的所得往往是质量上的所失。没有两个人会以完全相同的方式分解同一个问题——分解问题本身就是一种构思行为，它阐明了你认为解决该问题所需的关键要素。有时，即使是我们在日常生活中遇到的平凡问题，也比我们一开始想象的复杂得多。很明显，问题分解的过程需要时间、思考和比你所以为的更多的探究。

域内和域外

下面是一个问题分解的例子。我成年后一直在为这个问题苦恼：如何让盲人更容易地规划假期？

你可能对这个问题经验寥寥。如果我们开始对此进行头脑风暴，这就是一个很大的限制，因为我们在头脑风暴中利用的是你的个人知识。而对大思维来说，这并不重要。解决方案将来自你自己的经验之外。这就是为什么你不需要成为一个专家，就能提出一个有用且新颖的解决方案。你切实需要的就是了解如何分解这个问题。

以下是我的学生在课堂上提出的该主问题的子问题清单：

- 作为盲人，你如何使用酒店和旅游网站？

- 你如何找到可以满足你的住宿需求并且愿意为你提供住宿的酒店?
- 你如何评估酒店客房是否方便盲人入住?
- 当大多数信息来源都是可视化的,你该如何研究你的可选项?
- 在哪里可以读到适合盲人阅读的评论?
- 你如何评估一个场所是否安全?
- 你如何检查酒店和其他场所是否符合《美国残疾人法案》(ADA)的规定?
- 你如何在拥挤的机场穿行?
- 你如何看登机牌?
- 你如何在飞机上找到一个方便行动的座位?
- 你如何了解一个地方的风貌?
- 是否有些地方更能触动非视觉感官?
- 如果你迷路了,你如何找到路?
- 你如何找导游?
- 你如何找到其他盲人和适合盲人前往的场所?
- 你如何找到最适合步行的区域?
- 你如何通过不熟悉的人行横道和其他潜在的危险场所?
- 你如何阅读标志和说明?
- 盲文使用不同的字母吗?
- 当地的公共汽车、火车或出租车是否方便盲人乘坐?
- 跟团旅行让规划变得更容易,但其中是否包括适合盲人的活动？
- 在规划、旅行和活动方面，你是否需要比视力正常者更多的时间？
- 如果你带着服务型动物旅行，是否会被允许？
- 如果你使用拐杖，会带来什么问题？
- 你如何找到或协商一个好的价格？
- 你如何才能对自己的选择充满信心？

第一份清单越长越好。不要遗漏任何东西，即使这些问题可能看起来大多无关紧要。稍后你将有机会删除清单中的项目。一旦你加入的问题重复出现或变得琐碎，你就可以不追加问题了。现在回头看一下清单，把类似的问题归类，删掉最无关紧要的问题。然后把清单放在一边。好好想一下，根据你对清单的记忆，哪些问题最吸引你？再看一遍清单。再次归类和删减。再次思考。重复这一过程。

你最好以我们的"神奇数字"结束：不超过5个主要子问题。我的学生最后得到了以下问题：

- 一个盲人如何在一个不适合盲人前往的新场所中找到自己的行路？
- 你如何确保酒店和活动适合盲人？
- 你如何才能保证假期的安全？
- 你如何才负担得起这个假期的花费？

- 你如何知道某个大致地点是否适合盲人前往？

这是一个很好的开始。让我们暂停一下，回想一下其他形式的问题分解。这份清单当然不是 MECE：其中的项目并不相互独立，整个清单也并非完全穷尽。清单上也没有根本原因。而我已经知道根本原因：我是盲人！没有 SWOT 分析法，没有 4P 理论，也没有和其他任何分解模板匹配的东西。大思维的每次分解都会完全不同，这取决于问题本身和分解者的判断。

手上有了这份简短的清单，我们接下来要确定的是，回答这些问题是否足以解决问题。我的经验法则是，为了让自己安心并知道何时该停止，我必须确定：如果我一次性解决所有子问题，那么由此而来的解决方案将是对目前存在的问题的显著改善。解决的结果应该能让看似不可能的事情变得可能。如果问题是关于一个产品的，那么你所构思的新产品应该比市场上已有的任何产品都要好得多。为此，我们咨询了专家。这些人确实在该领域有经验。但我们不是请他们进行头脑风暴，而是要求他们对我们的问题分解提出意见。

专家可以解释问题存在的原因，其他人如何尝试过解决它，以及现有的可用于解决问题的想法、活动和工具。针对我们的问题，我们希望找到的是在盲人教育、宣传和政策制定方面的专业人士。在网上快速搜索一下，我们找到了美国全国盲人联合会和美国盲人委员会。这是美国最大的两个盲人权益组织。这些网站本身就为我们清单上的大部分问题提供了例证。至于现有的对盲人的帮助方面，我们了解了哪些美国城市在哪些方面符合《美国残疾人法案》，我们找到了提供特殊服务（比如盲人语音导览）的博物馆、公园等公共场所。我们还进一步探索，发现了一些新技术，比如能读取菜单和标识的 Envision 智能眼镜。

利用互联网也可以搜索个人专家，他们通常是盲人组织的工作人员。你可以给他们发邮件或打电话，他们通常很乐意讨论你清单上的子问题。记住，你不是在求他们帮忙。你只需表达对他们的敬仰之情，欣赏他们的智慧。专家们通常会受宠若惊，并愿意拨冗与你一谈，毕竟他们对自己的领域充满热情。

与专家交谈时，要一对一。你需要不同的视角。毫无疑问，你们在有些方面会达成共识，但要避免出现可能助长群体思维的情况。此外，请记住，专家对问题的某些方面有着深刻的认识，但他们的专业知识也限制了他们自身的理解。通过与他们单独交谈，你可以更容易地发现他们的偏见和基本假设。

然后你需要与用户交谈，这里的"用户"指的便是盲人。你要在专家和用户之间居中沟通。也就是说，对专家说"这位盲人提到了这个"，而对用户说"这位专家提到了那个"。坚持如此，直到你觉得自己已从多个不同的角度深入理解了问题。

我本人就是一个用户，所以让我给你一些关于这些子问题的想法。

也有针对盲人的团体度假，但这些团体度假有两个缺陷：他们强迫你加入一个不由你自己选择的团体，而且由于害怕承担责任，组织者只会安排最安全的场所和活动。你在度假时根本无法获得与视力正常者一样的自由感。像 Aira 和 Be My Eyes 这样的 App 可以让你独自出游，但它们的效果并不理想，所以我不推荐其他盲人使用。博物馆和其他场所的语音导览的情况好得多。许多语音导览都是为盲人量身定制的，而且许多导游都擅长与盲人游客打交道。

根据我的经验，最大的子问题倒是我很少听到专家提及的：许多酒店和游轮不允许盲人预订单人行程。只要你提到你是盲人，它们就会设置各种障碍让你知难而退。同样，它们害怕承担责任。所以我倾向于入住精品酒店，在那里我可以在到达之前直接与业主或经理交谈。我会要一间离电梯或海滩很近的房间。一般来说，小一点儿的酒店往往服务更好，所以我可以雇一个工作人员带我去附近转转，甚至和我一起下海游泳。这样我还可以结识更多的当地人，获得更接近视力正常者的通常体验。出于这些原因，如果你有盲人朋友，我强烈推荐他试试撒丁岛。

当你与用户交谈时，你的目标是获得我刚才告诉你的同等程度的细节。你要了解他们的实际体验，以及他们对此的想法和感受。从最基本的问题开始："你会去度假吗？""规划旅行最容易和最困难的是什么？"让他们的回答和回应为你引出进一步的问题。和与专家交谈时一样，不要问解决方案。他们会在谈话中举出好例子，就像我对小型精品酒店和撒丁岛的看法一样。

广泛考量用户的身份也很重要。以下是我班上一位学生对此的评论：

子问题练习非常有趣，因为它强调了即使在经历了层次的升降之后，问题仍然可能过于宽泛。此外，通过分类，我们还可以在一个基本的层面识别潜在用户。当然，许多子问题类别都是围绕问题对特定用户（在我的小组中是医生、患者、政府、医院管理人员）的影响而划分的。这个练习为用户访谈建立了一个很好的框架，使我们能够更好地了解如何收集更多关于我们的问题的信息。

在我们的盲人旅行者案例中，酒店经理可能也包括在用户群体中。他们是否接待过盲人房客？如果接待过，发生了什么？他们对发生的事有什么看法？旅游经营者、旅行社甚至出租车司机也是如此。审视每个子问题，看看除盲人之外，这项活动还涉及哪些人。

请记住，用户和专家一样，都会受到他们所知情况的束缚。我可以准确地告诉你我在旅行中遇到的问题，以及我对这些问题的看法和感受。但也仅此而已。其中有些内容会与其他盲人所说的重叠，但每个用户的经验针对的都是他们自己的情况和需要。我们不可能询问所有用户来获得问题的全貌。一直问下去，直到你只能听到重复的信息为止。当你不再获得新信息时，你就完成了这一步。

现在是时候走出去了。众所周知，对你的目标用户进行采访和观察是市场调研的一部分。你的目标是"消费者洞察"。这种洞察是有价值的，因为它将帮助你剖析问题的组成部分，其中一些可能是你自己不容易想到的。所以，我希望你把"从用户身上学习"作为问题分解研究的一环。你必须避免混淆消费者洞察和解决方案的生成；我们常常认为，我们所要做的就是从客户那里了解问题所在，然后问题的解决方案就会自然显现。如果这是一个小问题，比如产品设计——茶杯的把手握感不舒适，那么消费者研究可能就足够了。但是对于任何复杂的问题，用户都不具备帮助你解决问题的能力。

尽管消费者洞察对理解问题肯定是有用的，但是对生成解决方案并无用处。想想亨利·福特和他试图解决的问题。如果福特在1907年问他的目标用户他们想要什么，来帮助他解决漫长而低效的通勤问题，他们肯定会说想要更快的马车。

专家和用户在问题之内，其他人则在问题之外。在该领域没有直接经验的人会对此持更开放的态度。经验可以赋予你深度，但限制了你的广度。局外人思维的深度虽较小，但广度更大，他们不会让自己的思维受限于自身知识的窠臼。

向他们提出与你问局内人的相同的问题。他们可能会给出一些愚蠢或牵强的想法，但他们往往也会提出用户和专家从未想过的观点。再次强调，不要询问解决方案或建议。应该尽可能地让他们沉浸在这个领域中，并询问他们的想法。例如，如果你看不见，在一个通常需要开车的地方，最好的出行方式是什么？在一个新的城市，你会如何找路？你会去哪里旅游？你会寻求哪些体验？如果你的朋友或家人看不见，你会怎么做来帮助他们享受假期？

就我自己而言，我从局外人那里学到了很多东西。香港的一位纪录片导演认为，向盲人展示中式炖汤中鱼的气味和口感可能会很有趣。一名撒丁岛人想让我体验他是如何制作羊奶奶酪的，他还带我去闻了一种撒丁岛才有的浆果植物。巴黎街头的一位竖琴演奏家拉着我的手，让我感受乐器的形状和琴弦，然后还感受了他演奏时的双手。

由于局外人对你试图解决的问题没有太多的情感投入，他们往往会有更开放的心态。我个人发现，我最喜欢的一些旅行经历都是我在与局外人交流的时候获得的。在这个过程中，我有了不可思议的体验，结交了新朋友。最重要的是，我了解到局外人对从不同的视角重新思考问题非常有帮助。

这是一个创意问题吗

现在你有了自己的问题和一组子问题。很多时候，我们一开始会认为我们试图解决的问题太复杂了，没有已知的解决方案，或者没有已知的选择——解决它需要创造力。如果在定义和分解问题的过程中，你发现了一个已经存在的解决方案，不必感到惊讶。正是你的分解让你看到了这一点！如果情况就是如此，那么大思维的前两步就是让你找到之前没有发现的选择的过程。你大可以止步于此，选择一个解决方案便好。

然而，很多时候，你的问题仍然很复杂，而且没有已知的解决方案。你的问题、它的分解以及你的初步想法不应与其解决方案混为一谈。在这一步，你必须小心，不要在实际上还未找到解决方案时自欺欺人，自以为问题已经有解。不要为了加快大思维的进程而满足于一个半生不熟的解决方案！分解问题可以启发灵感，也可以激发你的许多想法——但现在，你应该把你的想法当作创意的火花！想法不同于已知的解决方案。只有当你真的有了一个已知的可行的解决方案时，你才应该就此打住。如果你还要走下去，那就把你的问题分解和想法收集起来，让我来告诉你如何处理它们。

你何时该止步

探究你的问题，与局内外人士交流，重新思考你的分解，都会激发解决方案所需的创意。这些步骤不可免。但是，不要让这些创意火花分散你的注意力——或者更糟的是，让你跳过我们在大思维中的步骤。现在下结论为时尚早。相反，请把你想到的解决方案写下来并归集起来。我把它称为"火花堆"，你可以让这些创意火花储存在这里，以备日后之需。当你需要为问题找到解决方案时，这些火花可能有用，也可能没用。而在那之前，把它们写下来，然后继续我们的旅程。

修改是这一过程的关键部分，也就是说，不要进行了第一次分解就以为万事大吉了。至少要对子问题清单进行一次修改。你应该不断修改，直到你发现你的调研和访谈不再给你提供更多的想法为止。这时，有一个方法可以用来检验你的分解是否已足够完备，以便进入下一步。我称之为"80%测试"：如果我解决了这些子问题，那么我是否至少解决了整个问题的 80%？

当然，并没有什么数学计算方法可以真的算出这个百分比。这只是一种主观判断。福特也做过类似的事情，他最初只做了一份简短的清单，列出了制造更廉价的汽车所需的重大改动，便暂时告一段落了。在那之后，他年复一年地进行小的改进。但对他的主要创新来说，最初那份简短的清单已经足够了。奈史密斯在发明篮球运动时也是如此。他列出了一份简短的创新清单。此后多年，他和其他许多人不断进行小幅度的改进，积少成多，使篮球运动最终发展成为我们今天所熟知的运动形式。

此时，你已经找到了想要解决的问题。你已经把问题分解成了几个有意义的子问题。你对我们所知的和不知的过去、行得通和行不通的方法已经了然于胸。现在，你可能觉得自己已经准备好开始构思了。但是，在你急于提出解决方案之前，我想请你暂停一下，先退一步。在开始生成解决方案之前，你还必须回答一个非常重要的问题：为什么要解决这个问题？如果你找到了这个问题的理想解决方案，你希望这个解决方案给你带来怎样的感受？

05 第三步：比较需求

相关决策者的动机和偏好是什么

你真正想要的是什么？你为什么要解决这个问题？你想从中得到什么？

现在，既然你已有了想要解决的问题，也把它分解了，我希望你能停下来思考一下你内心深处的需求。在这一步中，你将以你自己的感觉为辅助来制定你的选择标准。这一步可以帮助你总览"大局"，使你的构思过程与最终会解决问题的最理想结果保持一致。

与其他创新方法不同的是，在大思维中，我们至少要考虑并确定三类不同利益相关者的需求：身为创新者的你，目标群体，第三方（竞争对手和盟友）。在确定这些需求时，你要把它们写下来，填入一份我们称为"大局图"的清单（见图5.1）。之后，你将通过这份清单来衡量每个需求，并得出一个"大局评分"。这个评分将在以下3个方面对你有所帮助：

1. 你将更容易对问题的分解进行细化。
2. 当你从选择地图（第五步）的多个想法中进行选择时，它将作为选择标准。

3. 当你在第六步中开始收集他人的反馈意见时，它会解释你想法背后的"为什么"。

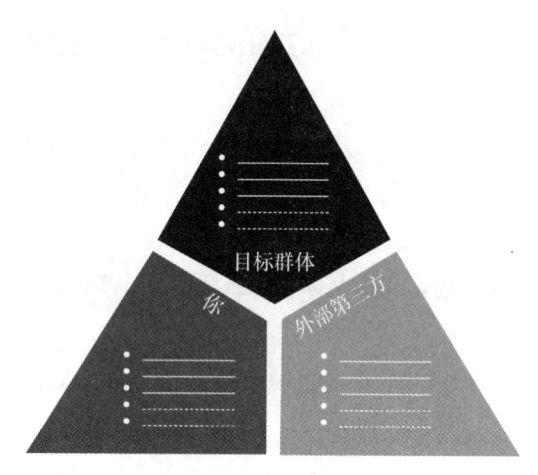

图 5.1 大局评分

比尔·盖茨想要什么

你可能听过比尔·盖茨的故事，他是历史上最成功的创新者之一。但就像我们之前提到的微波炉问题一样，你真的了解这个故事的来龙去脉吗？

也许你所知道的故事遵循的就是我们先前见过的童话叙事结构：一个企业家有了一个美好的愿景，为了实现这个愿景而努力工作，并取得了卓越的成功。你可能会认为，这个叙事模式似乎与大思维正好相反。你是对的，确实如此。这个版本的故事实际上就是一则童话，而真实版本的故事则正是大思维的写照。

在我们讨论比尔·盖茨的例子时，我希望你们特别关注"需求"这个问题。每次我们都会问：比尔·盖茨想要什么？这可能听起来特别奇怪，因为比尔·盖茨以他的分析能力闻名。编写计算机软件需要缜密的逻辑。这跟情感需求又有什么关系呢？要想做出优秀的分析性决策，就必须摒弃感情，诉诸逻辑思维。不是吗？

这一想法真是谬以千里。无论在何种情况下，也无论你是谁，欲望都会影响你所做出的每一个决定，即使对我们最多产的创新者（包括比尔·盖茨在内）来说，也是如此。

真正的故事要从盖茨成长的西雅图说起。他在高中时加入了计算机俱乐部，并结识了比他大两岁的保罗·艾伦。在那里，他们学习了 Basic 编程语言，这是由达特茅斯学院的两位教授发明的一种用于计算机教学的简单语言。值得庆幸的是，他们的学校有一台最新的微型计算机——DEC PDP，于是他们学会了如何在这台计算机上进行 Basic 编程。

高中毕业后，艾伦上了两年大学，然后辍学为波士顿的霍尼韦尔公司编写小型计算机程序。盖茨则在附近的哈佛大学就读，因此两人一直保持着联系。1974 年年底，英特尔发布了功能更强大的 8080 芯片，整个计算机界都认为这是一个巨大的飞跃。盖茨和艾伦拿到了一本使用手册，并想出了在上面加载 Basic 语言的办法。但他们无法拿到芯片本身：英特尔只把芯片卖给计算机公司。

翌年 1 月，艾伦穿过哈佛广场去拜访盖茨时，在报摊上看到了最新一期的《大众电子》杂志（见图 5.2）。封面文章展示了 Altair——一种内置 8080 芯片的廉价新型计算机。

图 5.2　1975 年《大众电子》杂志上的 Altair 8800 计算机广告

资料来源：维基共享资源

艾伦买了一本杂志，急忙去找盖茨。文章中说，Altair是为8080芯片设计的，但还没有软件。Altair的制造商MITS公司邀请程序员编写Basic软件以在Altair上运行。一场比赛开始了。MITS后来称，它接到了50个程序员的电话，他们说自己正在编写软件，其中就包括艾伦和盖茨。

猜猜谁赢得了这场竞赛？

"微软"（最初写法为"Micro-Soft"，后改为"Microsoft"）就此诞生了。这是艾伦和盖茨为Altair供应软件而成立的公司的名称。拿到合同后，艾伦辞去了工作，众所周知，盖茨也从哈佛大学休学。他们搬到了新墨西哥州的阿尔伯克基，那里正是MITS的总部所在地。

让我们来看看比尔·盖茨当时是怎么想的。他在《未来之路》一书中这样告诉我们：

> 当我和保罗·艾伦看到第一台Altair计算机的照片时，我们只能猜到它将会催生出大量的软件。我们知道各种软件会被开发出来，但不知道会是什么样的软件。有些软件是可以预见的，例如，可以让个人电脑作为大型计算机终端的程序，但最重要的软件，如VisiCalc电子表格，却是出人意料的。

现在我们知道，微软的成功在于使个人电脑能够独立运行各种软件和功能。然而，这并不是盖茨当初所设想的，至少他在为Altair编程的时候并不是这样设想的。他以为自己编写的是一个可以与大型计算机进行通信的终端的软件。这在当时是很典型的想法：整个行业都是这样看待个人电脑的，还有成千上万的业余爱好者也抱着同样的想法在研究这项技术。

盖茨希望每个人都购买 Altair，因为这意味着他们也会购买他的软件。业余爱好者却另有打算。他们喜欢 Altair 的用户友好型软件，但又不想受单一品牌或型号的束缚。相反，他们盗版了微软的 Basic 软件，并将其复制到不同的计算机上，这样用户就可以在不同的计算机上传输软件。这降低了 Altair 的吸引力，意味着 MITS 的销售额下降，盖茨口袋里的钱也减少了。盖茨非常愤怒。他写了一封日后臭名昭著的信给家酿计算机俱乐部，这是一个位于加利福尼亚门洛帕克的计算机业余爱好者组织，出版一份很有影响力的通讯。

他在信中控诉："你们中的大多数人的软件都是偷来的。"他还威胁称，那些被他知道名字的人可能会"输得很惨"。盖茨指责说，盗版者正在毁掉计算机行业，他们剥夺了像他这样的专业人士改进软件所需的资金，进而毁掉了计算机行业。

盗版者对他置若罔闻，盖茨只好作罢，他提出以 6 500 美元的价格把软件卖给 MITS，但 MITS 拒绝了。销售情况太差，公司负担不起。

1976 年 3 月，Altair 发布一年后，MITS 在阿尔伯克基举办了第一届世界 Altair 计算机年会。作为最后一搏，盖茨出席了这次会议。在会上，他马上注意到用户也带来了其他机器。这些机器上都安装了他的 Basic 语言，可以交换程序和文件，因为所有的计算机都使用相同的语言。

起初，盖茨对此深恶痛绝。因此才有了那封公开信。但随后，他意识到了一件令人震惊的事：他垄断了市场。所有的小型计算机都在使用他的软件。这对微软来说并非坏事，反而是一个千载难逢的机会。

就在那时，盖茨辍学了（此事后来家喻户晓）。随后，他撕毁了与 Altair 的合同，并再次致信那家著名的计算机通讯刊物。在这封信中，他为第一封信道歉，感谢用户采用了他的软件，并向他们承诺会有更多的软件问世。随后，他与所有主要的计算机制造商达成了协议，为他们编写可在不同硬件上运行的 Basic 语言版本。当 VisiCalc 和 WordPerfect（很快还有其他无数软件）等新软件出现时，他就简单地将它们集成到自己的操作系统中，使它们在不同机器上兼容。

这才是著名的"远见卓识者"比尔·盖茨的真实故事。但他的远见究竟体现在哪里呢？他并不是第一个意识到计算机将变得更小巧却更强大的人。戈登·摩尔才是这份殊荣的获得者，因为他在 1965 年发表的一篇文章中提出了"摩尔定律"，当时盖茨只有 10 岁。同样，盖茨没有创造第一台小型计算机——艾伦在霍尼韦尔的工作就是为它们编程。微软也不是第一家软件公司——早在盖茨出生的 1955 年便有软件公司成立了。

事实上，盖茨甚至没有提出软件是独立于硬件的产业的想法。是用户将他的软件从一台机器复制到另一台机器上。盖茨起初很讨厌这个主意。在他看来，Altair 和他的软件是一个绑定的整体。但值得称赞的是，他最终发现，自己的软件能在不同的硬件上运行对他而言是福不是祸。

既然你已经知道了事实，那么让我们回到最初的问题：比尔·盖茨想要什么？

高中时，他就想长大以后在计算机行业工作，赚很多钱。传说他在高中时发誓要在20岁之前赚到100万美元。这并不稀奇。那正是计算机时代曙光初现之时，许多年轻人都梦想着快速致富。在大学里，他和艾伦讨论过要创办一家软件公司。Altair的合同给了他们这样的机会。从那时起，盖茨就希望Altair能主宰计算机市场，因为这意味着他的软件能有更多的销量。

可Altair让他失望了。这也算是一份不错的工作，他年纪轻轻就在计算机行业占据了一席之地。但这还不够。他发现这并不能给他带来梦想中的财富。于是，他转而追求另一个目标：大学学位。而在Altair年会上，他再次改变了自己的目标。他看到了在计算机界卷土重来的机会，当时他怀揣的想法甚至比编写Altair软件还要宏大。

让我们仔细审视一下这最后一个转变。他从追求自己想要的东西——Altair的垄断，转变为迎合用户和其他硬件制造商想要的东西——任何硬件都能使用的软件。通过考虑这两个群体的需求，他成了世界上最富有的人。这个结果可绝对是他想要的。

正如我们从盖茨的例子中看到的，你有很多需求，它们在不同的时间可能会有所不同。你想解决一个对你很重要的问题，你希望解决方案能如你所愿，但其他因素也很重要，否则，你就找不到解决方案，或者就算找到也根本行不通。在大思维的这一步中，你要将你的问题及其分解后的子问题与三个来源——你自己、你的解决方案的目标群体和最重要的第三方的需求匹配，然后对其进行评估。在盖茨的例子中，这三个来源一目了然：盖茨、计算机用户和硬件制造商。而在你的例子中，这很可能没有那么显而易见。这就是为什么我们在大思维的方法中要为明确你的需求而专门设置一个步骤（见图5.3）。

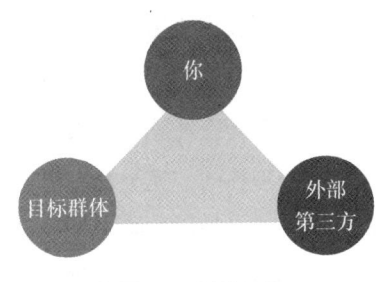

图 5.3 需求三角

大局评分

如果你问某人想要什么，他可能会给你一个具体的目标。例如，"我想获得诺贝尔奖"，"我想开一家自己的餐馆"，或者像盖茨那样，"我想在35岁之前赚到10亿美元"。但实际上，这些只是达到目的的手段。你为什么想开一家餐馆？它一定满足了某种愿望。如果你没能开一家餐馆，还有没有别的结果能满足你的愿望？

你一眼就能看出，这种对愿望的追寻是生活中最大的不确定性。当你将其套用到大思维中时，你的解决方案会有很多方向来解决同一种问题。你可能会发现这个问题值得解决,但只有特定的解决方案才能满足你的愿望。你是否有过这种经历:你向别人解释过一个问题,当他们提出解决方案时,你会想"我并不想那样做"?那是因为该问题对你有吸引力,但他们的解决方案却没有。

在大思维中,你总归不希望花费了大量时间和精力去解决一个你关心的问题,最终却得到了一个你不想实施的解决方案。请记住盖茨在 Altair 年会前后的处境:你需要一个你的目标群体和第三方都想要的解决方案。我们给出的"大局图"可以及早呈现这些需求,在你朝着解决方案迈进的每一步中为你提供指导。

让我们在此停下来思考一下情感在决策中的作用。你可能会认为,最优的决策是纯粹理性的,完全没有情感的纠缠。但这是不可能的。如果你认为自己在做决策时不带情感因素,那你不过是在自欺欺人而已。正如哲学家大卫·休谟告诉我们的:"理性是且应当只是情感的奴隶,除了为情感服务并服从情感,绝不能冒称有其他的功能。"

你可以用理性和基于理性的方法解决问题,但目的是什么呢?是得偿所愿!正是因为你有愿望,所以你才试图解决问题。即使是作为经济学基本组成部分的价格,也不过是买家想要的而已。你愿意花 4 美元买一罐果酱,而我愿意花 2 美元。但价格是 3 美元,所以你买了,而我没买。为什么?因为你比我更想要果酱。如果我们都不想要果酱,那么我们哪怕一个子儿都不会出。

长达数十年的研究表明,我们的情感会以无数种方式使我们在寻找信息、解释和处理信息时产生偏见。任由情感左右决策过程，会导致我们做出糟糕的选择。在大思维方法中，我们并不试图从构思过程中消除情感。相反，我们将情感的表达与信息收集和选择创造过程分离开来。具体来说，我们使用"大局图"工具为你提供对各种情感需求的通盘理解。这样，当你对从选择地图中产生的各种想法进行选择时，你就可以用到这些关于需求的信息。

选择地图是你用来收集、处理和构思信息的工具。我们将在下一章讨论其应用问题，但现在，我想让你知道，在第三步中，感觉、需求、愿望、情感，无论你想用什么词来形容，都很重要。它们在构思过程中举足轻重，因为它们扮演着为你提供选择标准的重要角色。正如你将看到的，大局评分是一种更全面的方法，借助这一方法，你可以从根据选择地图创造的无数想法中找出最佳创意。

大局图的三个节点分别是你、你的目标群体和相关的第三方。在大局图的顶部，你要回答以下问题："当我为我的问题创造理想的解决方案时，我想要什么样的感觉？"请注意，这个问题清楚地表明，我们并不是要求你一蹴而就地提出一个你想要的具体解决方案，而是问：在你能想到的许多可能的解决方案中，它们应该有什么共同的情感诉求？

在大局图的左下角，你要回答以下问题："当我解决这个问题时，我希望我的目标群体有什么感觉？"在这一情景中，你应该尝试理解作为对象的个人或群体可能会怎样直接受到问题解决方案的影响。这一步要求你暂时超越自己的需求。所以在确定他们的需求时，要考虑到你的创意所针对的受众类型，他们的需求与你的问题的具体关系，以及他们希望解决方案给他们带来怎样的感觉。

在大局图的右下角，你要回答的问题是："当我解决这个问题时，我希望我的第三方有什么感觉？"你需要广泛思考两个群体：可能成为解决方案中的盟友的人和可能阻碍解决方案的人。还有谁关心这个问题？还有谁在乎你的目标群体？市场上是否有可能试图阻止你的竞争对手？你不可能满足所有需求，因为有些需求会相互冲突——例如，盟友与竞争对手之间的冲突。想想 Altair 与盖茨的其他硬件制造商吧。但是，你必须意识到这些需求，以避免日后措手不及。

在你的大局图中，你将从三角形的各个角来审视各种不同的需求，并使用大局评分作为工具，对每一方最常见的需求进行计算和权衡。在理想情况下，你创造的解决方案将一视同仁地满足三个群体的需求。但在现实中，每个群体内部以及不同群体之间都会存在相互冲突的需求。因此，最终你必须根据你最想取悦的一方进行优化，并代表他们的利益选择解决方案。你将在第五步中再次使用这一工具，而现在，你只需专注于写下那些会影响你的解决问题过程的人的需求即可。

虽然你必须考虑到其他各方的需求，但作为创新者，你的需求仍然是最重要的，这就是为什么它们在大局图中处于最重要的顶部位置。这与主导许多创新方法的"客户至上"的标准方法可谓大相径庭。例如，设计思维就告诉你要进行广泛的客户研究，以彻底了解客户的需求。这种做法很好，其结果也填补了大局图的一角。但是，如果你不能满足身为创新者的需求，那什么都不会发生。

你可能也有过这样的经历：头脑风暴会议产生了一个解决方案，但在那之后，什么也没发生。为什么会这样呢？因为没有人想将其付诸实施。这个解决方案无法满足他们的需求。当问题来自上层时，组织中往往会出现这种情况。想象一下，某个高层领导想要一个解决方案，于是其下属团队通过头脑风暴想出了一个能满足上级需求，却不能满足团队本身需求的解决方案。但没有人会承认这一点。

大局评分的作用

在大思维方法中，选择地图是你记录问题信息的地方，也是记录迄今为止可以用来帮助制订问题解决方案的证据的地方。应将选择地图看作你的信息处理工具。大思维的第二个工具是"大局评分"。该工具以你所创建的"大局图"为基础，并运用评分方法来帮助你做出具体的决策。大局图是我们用来记录各方需求的框架，而大局评分则是我们使用的工具。与选择地图相比，大局评分的作用是提供必要的空间来对动机、偏好和情感加以识别和表达。

我们常常认为，解决问题的过程中应该避免感情用事，因此我们会想方设法地压制自己在这一过程中的情感。然而，在大思维中，我们不仅会让这些情感在意识中浮现，还会欣然接纳它们，因为这些被我们称为偏见的东西实际上可以在构思过程中的关键时刻对我们有所帮助。

在大思维过程中,你的大局评分有两个主要功能:作为你的选择标准,作为确保你走在正确道路上的检查标准。当你怀疑自己在走弯路时,问问自己这些问题:

1. 你是否在解决想要解决的问题(选择地图)?
2. 你的所作所为是否与自己的愿望保持一致?

如果你是一个视觉学习者,可使用图 5.4 中的形状找到你的分数。

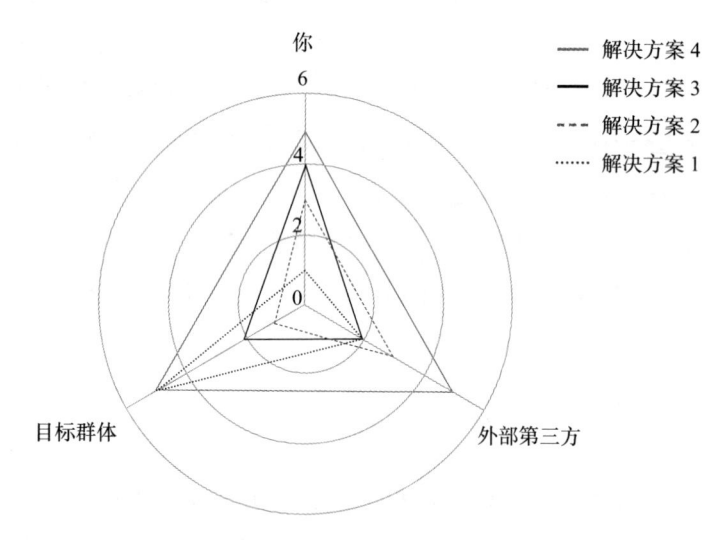

图 5.4 不同解决方案的大局评分

偏好优先

你可能会想:"现在就确定自己的需求是不是为时过早？毕竟，在这一刻，我所做的一切只是试图理解问题，我没有任何选择可供比较和对比。"恰恰是在这个时候，你最好退后一步，停下来问问自己:"如果我找到或创造了理想的解决方案，那会是什么感觉？"

研究表明，当我们预先定义我们的标准时，我们的决策能力就会大大提高，也就是说，我们在确定我们的选择并开始比较和对比的过程之前，就已然确定了我们的标准。例如，研究人员观察到，当招聘经理预先确定他们的雇佣标准时，他们就不太可能根据性别刻板印象来招聘，而更可能根据应聘者的表现和是否适合该职位来招聘。即使在考虑选股等看似需要分析的任务时，情况也是如此。2007年的一项研究调查了101位选股人每天做出投资决策的经历。对那些能够识别并应对自己的强烈情感，而不是加以回避的选股人来说，他们的平均日常投资回报高于那些情绪调节能力较弱的选股人。研究还发现，那些能够识别并详细解释自己感受的投资者能够更有效地控制自己在选择中的偏见。除此之外，对几个天使投资团体的一项分析发现，那些用"直觉"来描述他们在判断过程中的分析、直觉和情感的交融状况的投资领导者，更能有效地预测有利可图的创业投资。

考虑到创业所涉及的不确定性、社交协调和情感挑战，情商在这种情况下应该特别有用。一项对65 826名企业主的调查显示，情感是创业成功的基石，情商（EI）比一般心理能力

（GMA）更能预测创业成功。盖茨在缔造微软的过程中一直掌控着自己的需求，并与他内心的情感保持一致。与盖茨一样，你也要利用自己的需求来指导你构建与重构问题，并寻找解决方案，以实现你的大创意。当我们正视自己的情感并意识到它们的存在时，我们就更有可能选择一种让自己充满信心和力量的解决方案。这就是为什么"比较需求"对大思维至关重要——这一步可以让你了解自己和他人的情感，从而为你的想法的导向提供一个大局观。

填好你的大局图

识别潜在的需求并不是一项简单的任务，需要徐徐图之。以下是一些可能有帮助的词语（见表 5.1）。

表 5.1 潜在愿望

接受	得体	整洁	及时
轻快	开创性	哗众取宠	宽容
明智	时髦	有序	统一
活泼	体面	外向	与众不同
引人注目	有影响力	耐心	充满活力
雅致	新颖	感知敏锐	上等
详细	友好	迅速	怀旧
可靠	博学	奇特	风趣
典雅	慷慨	天然	朝气
朴实	忠诚	理智	年轻
公平	现代	安全	滑稽
花哨	神秘	合群	热心

和问题分解时一样，先列一份长长的清单。然后将每个群体的选项缩减到三五个。顺便说一下，我们在问题分解后才开始使用大局评分是有原因的。如果你在问题陈述之后就直接这么做，那你对问题的了解就还不够深入，无法进行下一步。分解问题加深了你对问题的理解，也开始将你的解决方案导向你自己的某些需求，但这是在不知不觉中发生的。现在，是时候让这些需求浮出水面了。

取悦各方

在纽约大都会艺术博物馆的 771 画廊中，悬挂着一幅画像，画中的女子优雅而神秘（见图 5.5）。她颔首左顾，同时身体微微转向同一方向。左手放在大腿前，将你的视线引向长裙的内收裙摆。她的右臂伸向身后，搭在一张圆桌边上。房间里一片漆黑，她的长裙亦是黑色的，而她的肌肤白皙如雪；藕臂裸裎，酥胸半露，侧脸宛如一弯新月。

约翰·辛格·萨金特的《X 夫人》是西方艺术中最著名的肖像画之一。771 画廊冠之以"宏伟

图 5.5 《X 夫人》，约翰·辛格·萨金特所绘的最终版本
资料来源：维基共享资源

风格的肖像"之名。但在那里，你看不到萨金特用铅笔、水彩和油彩为 X 夫人所作的 30 幅习作和早期版本（见图 5.6）。你也看不到她长裙的一条细肩带曾经是从她的肩膀上垂下来的，因为观众抱怨这让她看起来不太端庄得体（见图 5.7），萨金特就把这条细肩带去掉了（见图 5.8）。

对 X 夫人所绘的不同版本画像显示了萨金特在描绘他的主题时遇到的不同需求。他于 1883 年开始创作这幅肖像画，当时他 27 岁，已经是颇有名望的画家。他也没有为这幅画收取佣金，这对一位职业画家来说是极不寻常的举动。他描摹的主题人物维

图 5.6　X 夫人的另一幅速写
资料来源：维基共享资源

图 5.7 X 夫人的另一幅草图，肩带呈滑落状
资料来源：维基共享资源

图 5.8 X 夫人的另一幅草图，无肩带
资料来源：维基共享资源

尔日妮·阿梅莉·阿韦尼奥·高特鲁比他小 3 岁，是巴黎的社交名媛。萨金特曾解释说："我非常想为她画像，也有理由认为她会允许我这样做，她正在等待有人以此向她的美丽致敬。"

高特鲁女士确实答应了。我们不知道为什么，但不管是什么原因，我们可以猜到几个，萨金特成功地满足了她作为第三方的需求。而受众则是关注艺术界的公众，在这方面他遇到了一个问题。那根滑落的肩带引起了轩然大波。一位评论家写道："再扭一下身体，这位女士就'解脱'了。"展示这幅画的画廊，另一个第三方，为此撤下了这幅画。于是萨金特重新画了那根肩带。

萨金特进一步解释说，当他画滑落的肩带时，他还有其他的愿望要体现。他想表现高特鲁夫人"难以描绘的美丽和彻头彻尾的慵懒之态"。

他不得不放弃这一需求,以取悦他的受众和画廊。不过他的妥协并不完全,我们如今仍能从画中体会到慵懒。

我们可以看到,即使是在艺术这个最为彻底的个人表达的庇护所中,职业艺术家也必须在大局评分中找到平衡。萨金特知道,如果他只满足自己,巴黎艺术界就会对他避而远之,他的艺术生涯也将就此结束。艺术家可以随心所欲地创作。但是,如果他们希望自己的创作能够被自己头脑之外的世界理解,他们就需要通过大局评分的视角来评估自己的创作。

将需求付诸行动

当你对自己的需求有了更深刻的认识和理解后,你就能更好地避免走进死胡同。无论你要解决什么样的问题,这一点都很有裨益。

让我们一起来试试吧。想象一下,你是一位屡获殊荣的词曲作者,你正着手创作一首新歌。这是一项艰巨的任务——你的上一首单曲曾在公告牌百强单曲榜上一炮而红,而你的唱片公司希望你继续保持这种势头,因此你的压力很大。你想知道如何延续你在歌曲创作上的成功,再创佳绩。除了你的唱片公司,你的歌迷们也期待着你的下一首歌曲依旧能有朗朗上口的曲调和意味深长的歌词。因此,为了让问题更容易处理,你写下了你面临的问题，并将其分成两个子问题。

　　主问题：我怎么才能写出我的下一首热门歌曲？
　　子问题：我能写什么有趣的主题？
　　　　　　我可以使用什么音效或乐器？

　　在比较需求时，你必须先记下你对热门歌曲的所有要求。毕竟，如果是连自己都不喜欢的，你又怎能写出来呢？回忆一下大局图中有助于你自身确定选择标准的部分。它在该图形的顶部，你要做的就是填写那些带有勾选框的横线。

　　你的需求清单可能是这样的：

- 我希望这首歌朗朗上口。
- 我希望这首歌能与我作为艺术家的身份相匹配。
- 我希望这首歌相对容易录制。
- 我希望这首歌听起来比我以前的作品更民谣化。
- 我不希望这首歌的录制太过昂贵。

　　这份清单可能在某种程度上呼应了你的问题分解。它甚至可能会让你回头修改你的问题分解！注意所有的形容词——没错，你正在描述你想要创造的想法。

　　现在，你可能会想，这听起来像是一个即使没有学过大思维的词曲作者也会做的——你是对的！大思维是与我们头脑中的创造性思维方式最接近的工具。即使对艺术家来说，它也有助于明确他们希望从解决方案中获得什么，而不是随波逐流。

接下来，写下目标的需求。在这里，你必须尽可能地具体。例如，你的目标对象不能仅仅是"20多岁的年轻人"。这太过宽泛了，因为21岁的人通常与29岁的人迥然不同。例如，21岁的人可能想要一首在俱乐部里听的流行歌曲，而29岁的人可能想要一首在酒吧里播放的具有摇滚风格的歌曲。你如何找到两者之间的平衡？了解你的目标群体的一个好方法是对他们或了解他们的人做采访。这样做的目的是找出你的目标群体希望从解决方案中得到的所有东西——无论大小，然后以此为起点出发。

需要注意的是，每个目标群体的需求都有相同的，也有相异的。因此，让我们回到子问题："我能写什么有趣的主题？"你的一些目标群体可能喜欢浪漫和有趣的歌曲，而另一些目标群体则想要一首关于克服心碎和寻找自我的歌曲。并不是每一种解决方案都能满足目标群体的所有需求。但你需要知道这些需求可能是什么。然后，你就可以有策略地进行选择，以满足最大群体的需求，或者根据你的个人需求来选择你更愿意满足的需求。为了帮助你列出目标群体的需求，我将为你提供一个指南和架构，供你参考。

要采访你的目标群体，或者是非常了解你的目标群体的人，比如音乐趋势专家，你需要缩小你的关注范围。对你要解决的任何问题，目标群体归根结底是人，即使你要解决的是一个组织的问题也是如此。如果你要为一个组织寻找解决方案，你就必须问，谁是组织中会使用该解决方案的人。

在这里，我为你创建了一份档案以供填写，这将帮助你确定最佳的采访人选：

- 年龄（个人）或规模（公司）
- 主要居住的城市或地区
- 社会经济地位（如收入、受教育水平、职业或所属协会）
- 品牌亲和力/产品使用情况（购买历史和品牌忠诚度）
- 心理细节（性格、生活方式、政治倾向）
- 朋友、盟友或竞争对手
- 其他相关细节

一旦你缩小了目标群体范围——比方说，在这个例子中，你的目标群体是你以前歌曲的粉丝、从你一出道就迷上你的粉丝，以及从你上一首热门歌曲开始接触你的粉丝——在大局图的右边，列出你的目标群体对潜在解决方案的需求。以下问题将有助于你的采访的开展。请注意，这些问题也反映了你对自己需求的询问：

- 在理想情况下，你希望这个解决方案能做什么？
- 你想从解决方案中得到什么（金钱、认可、晋升）？
- 从长远来看，你更喜欢什么样的解决方案（例如专业的、廉价的、浮华的）？
- 你认为解决方案应该给你什么感觉？

- 你希望它有什么样的"格调"或"独特形象"(轻松、前卫、永恒)?
- 你希望别人如何描述你的解决方案?
- 对这个问题,你最关心的是什么?

想一想你的粉丝渴望些什么,然后开始在你的大局图中记下来,这次你需要记录在标有"目标群体"的节点中。我已经创建了一份清单,供你和自己的需求对照:

- 我希望这首歌曲令人难忘或"朗朗上口"。
- 我希望这首歌听起来像上一张专辑的延伸。
- 我通常更希望歌曲能"用作舞曲"。
- 我很想听到与另一位我最喜欢的艺术家的合作。
- 我希望这首歌听起来不是自动调谐的。

这些需求与我们在你自己的清单中确定的"需求"有重叠吗?如果有重叠,这是个好兆头!这意味着你正在拼凑出有助于定义潜在的解决方案的形容词。一旦你开始分析这些需求,是时候考虑还有哪些人对解决方案的成功至关重要。我们称这些人为"第三方"。就你的下一首热门歌曲而言,这些人可能来自你的唱片公司,也可能是竞争对手。正如我们之前提到的,你的唱片公司正在给你施加压力,要求你创作出一首能够再次走红的歌曲。他们会限制你的歌曲"民谣化"的程度,或者希望它听起来像你以前的热门歌曲。而和你是竞争对手的艺术家也许正在尝试与你类似的音效。不管是哪种情况，作为创新者，你的工作就是找出谁可能对你的解决方案的成功产生最大的影响。你需要知道他们想要什么。就像你的目标一样，你需要对第三方进行采访。以下是决定采访对象时需要考虑的一些因素：

- 还有谁关心这个问题？
- 还有谁关心你的目标群体？
- 谁可能是任何潜在的解决方案的盟友或障碍？
- 他们在大局图中处于什么位置？
- 从一个潜在的解决方案中，他们会得到什么或失去什么？

让我们把你的"第三方"的范围缩小到唱片公司。以下是一些你可以向你的制作经理、项目负责人或在那里工作的市场专家提出的问题：

- 他们不希望看到什么样的解决方案？
- 他们期待什么样的解决方案？
- 是否有某些因素会激怒或讨好其中一方？
- 什么样的"格调"或"独特形象"最能吸引他们（例如轻松、前卫、永恒）？
- 他们会从一个解决方案中得到什么（例如金钱、时间、幸福）？

- 他们希望看到你成功或失败的动机是什么？
- 他们为什么关心这个问题？
- 他们的需求是什么？

在进行了几次严谨的采访后，你给第三方的清单可能会是这样的：

- 我的音乐厂牌希望这首歌朗朗上口。
- 我的音乐厂牌希望这首歌的制作成本低廉（例如使用合成声音而不是现场录音）。
- 我的音乐厂牌希望这首歌听起来和我上一张卖得很好的专辑非常相似。
- 评论家偏爱更复杂的歌词（也就是说，他们说我上一张专辑的歌词太简单了）。

把它们都记在你的"大局评分"中标记为"第三方"的节点上。再一次，你可能会注意到一些需求和之前的有重叠，另一些则可能大相径庭。关键是，这些清单可以帮助你决定以后在不同的解决方案之间可以做出哪些权衡。在我们的歌曲创作的例子中，当你开始创作旋律、填词并在混音中加入一些节拍时，你可能会想到多个创意。这很好。你必须带着多个创意向前推进，以完成大局评分。

当你听每个版本的歌时，假设你已为你的新单曲想出了三个不同的版本，你将检验每个版本在多大程度上符合身为创新者的你的需求、粉丝的需求以及唱片公司的需求。在第五步中，你将通过选择地图创造出无数的创意，这些创意从表面上看似乎都很有用、很新颖。而你的大局评分将帮助你往后退一步，以审视：（1）每种解决方案总体满足了多少需求；（2）每种解决方案中，你倾向于哪一方。最终，大局评分会根据你最想侧重的一方或多方来帮助你选择创意。

你自己的大局评分

你现在勾画出了自己的大局图。你明确了所有的需求，并在旁边一一打钩。在寻找成功的解决方案的过程中，你也明晰了各方的一致和冲突的需求。你将用这些来计算出你的大局评分。在你的大局图中，自然会有各种相互竞争或冲突的需求，但不要试图马上解决这些问题。不可能让所有人满意，这就是为什么作为创新者的你必须做出选择。在大思维中，选择行为是分阶段进行的，每个阶段都会用到这幅大局图。在第五步中，它将作为你的选择标准，帮助你从将要创建的多个解决方案中做出选择。而在第六步中，当你向外界描述你的想法时，你的大局图会帮助你记住并阐明你的想法背后的"为什么"。

大局评分在手，你就可以为你的问题寻找理想的解决方案了。现在，我们将继续为你打造大思维的核心工具：选择地图。

06 第四步：在框内和框外搜索

迄今为止已经尝试了哪些解决方案

搜索

现在，我们回到选择地图，在这份清单上记录着你的草拟问题和子问题。现在，我们要去寻找的是在某时某地出现过的，能在某种程度上解决每个子问题的策略和先例。因此，我们的下一个问题是：如何搜索？

在今时今日，多亏了谷歌，搜索变得异常容易。我只需输入关键词，瞧！我眼前就会出现一个信息宝库——即使我要查的是最狭窄的主题，有时也会有数百万条搜索结果。但大思维的目标范围更窄、更集中，它聚焦的是现实生活中的成功范例。我必须筛选数以百万计的网站才能找到它们吗？

在这里，我们得到了一位默默无闻的创新英雄劳埃德·特罗特的帮助。20世纪90年代末，他成为通用电气（GE）执行委员会中的首位非裔美国人，而当时通用电气是世界上最大、最成功的公司之一。由于当时通用电气所取得的成功，时任CEO杰克·韦尔奇成了世界上最著名的商业领袖之一。特罗特因帮助通用电气的工厂成为高效和持续改进的典范而在生产运营领域闻名。他还是企业界多元化运动的领导者，先是在通用电气内，然后在全美范围内力促多元化进程。不过，至于特罗特是如何在这两个领域——制造和多元化取得骄人成就的，那就鲜为人知了。

到目前为止，我已经给你举了很多创新者的例子，他们在实践中均有意无意地运用了大思维的诸多原则。在创新史上，特罗特是第一个将这些原则形式化为我们都能使用的明确方法的人。正如艾萨克·牛顿称自己站在"巨人的肩膀上"一样，大思维方法本身在很多方面也都是前人伟大思想和努力的产物，而劳埃德·特罗特对此更是厥功至伟。

2020年夏，我有幸采访了他。下面就是他的故事。

他的职业生涯最初是在克利夫兰工具公司当学徒，他也是该公司第一位黑人员工。他们送他去克利夫兰州立大学夜校攻读大学文凭。在该公司工作期间，公司一个经销商的一台通用电气的机器出了问题，特罗特很轻松地就解决了问题。一名通用电气的员工来解决这个问题，却看到特罗特已经找到了解决问题的办法，就请他每周为通用电气工作一天，重新设计这台机器。他照做了。8周后，通用电气给了他一份工作。

于是，他开始了自己在通用电气担任照明业务现场服务工程师的职业生涯。那时是1970年。到1990年，他已是通用电气工业集团的总裁兼CEO，负责全球各地的工厂。他回忆说，这一切都源于一个简单的观察：

当我开始考察我们的工厂时，全世界有60家这样的工厂。而在我所到之处，我都能发现一些独特的人才，我愿称之为"纯粹的天才"。你知道，有人就是会去做一些别人没有做过的事情。对此，我的想法是，为什么我们不找自己人做顾问呢？举个例子，我怎样才能把欧洲的最佳实践带到美国，或者把墨西哥的最佳实践带到欧洲或其他地方？这让我思考，我需要一个有规则的流程。这个流程就是让每个生产单位开始识别出它们自认为能做到世界一流的环节。作为一个整体，它们并不是世界一流的，但它们可能在某些方面做得很出色，比如库存周转率，这意味着现金管理，或者劳动力利用率。

我只是想把这个流程简单化。我定了1~5分，5分代表最佳实践，1分代表你根本不知道自己在做什么。0则代表你连我们在说什么都听不懂。我通过这个矩阵，让员工告诉我，你认为你在制造业的某些关键事情上擅长什么：库存控制、周期时长、生产率，还是别的什么你能想到的。

特罗特矩阵由此诞生。随便问20世纪90年代在通用电气工作过的人，他们都会记得这个矩阵。特罗特矩阵是我们的大思维选择地图的直接祖先。若以应用来区分，特罗特将其用于一个特定的目的，而大思维则将其用于各种问题。

特罗特矩阵是这样运作的：

通过汇总这个矩阵，我让每位工厂经理和他们的财务人员按照 1~5 分的等级来衡量自己的能力。1 分表示你理解这种实践，你知道这种实践，但你真的不擅长它，无论衡量标准如何。5 分则代表你是同类最佳。你相信无论对你自己还是对任何人来说，你都是做得最好的。

所以，每个人都做了自我衡量。然后我把所有的财务人员和生产人员召集起来，我们仔细研究了他们的打分。结果是，大多数人在不应该给自己打高分的时候给了自己高分。老实说，这也在我的意料之中。

公司有两个生产单位，一个在法国，一个在北卡的罗来纳州，我觉得他们给自己打的分高得简直让人觉得他们就是神一样。我让第一个小组的成员告诉大家，为什么他们认为自己那么优秀。他们站起来大笑。很明显，他们并没有把这次练习当回事。

于是第二个小组站了起来。还没等他们开始解释为什么他们认为自己那么厉害，厂长就说："我撒谎了。我没有认真对待这件事。我想花点儿时间重做一遍，对自己诚实一点儿。"我们就这么做了。而一旦我们对自己诚实，一切就步入正轨了。

当每个人都意识到特罗特矩阵对他们的帮助有多大的时候，它就一发不可收了。起初，他们认为这是一个测试，得到一个分数就完事了。但特罗特的想法截然不同。多年来，他通过参观各地工厂来学习它们的最佳实践。这也是他希望所有参与者做的：以一种有组织的方式相互学习。

如果你得到的是3分或更低，那么你就得联系得分最高的厂长，即那些得4分和5分的人，他们将成为你的教练和导师，向你展示他们是如何做到的，这样你就不必为了获得这些经验而去机构学习。你可以从中撷取你想要的，觍着脸偷师他们，你还会有一个教练来指导你。

特罗特矩阵成了日常工作的一部分。如果你在某方面得分很高，你就必须计划在下一年教授在该方面得分较低的人，反之亦然。年终时，每个人都必须报告他们教了谁，又从谁身上学到了什么。

不到一年的时间就立竿见影，这自然逃不过通用电气的CEO杰克·韦尔奇的法眼：

我们原先的平均可变成本生产率为2%。在六七个月的时间里，我们将2%提高到了7%。这引起了杰克·韦尔奇的注意。我们当时正在开会讨论三年计划。他在会上公然问："劳埃德，你们在搞什么？你们在偷偷摸摸弄些什么？这些改进是从哪里来的？"他的财务团队向他展示的我们的改进措施是超乎想象的，比他职业生涯中见过的任何改进措施都要好。

那次会议之后，特罗特矩阵便在整个通用电气传播开来。这是韦尔奇的秘密武器之一，他以此建立了一个由 24 个不同行业的 24 家不同公司组成的蓬勃发展的企业集团。有批评者坚持认为企业集团本质上是低效的，认为 NBC（美国全国广播公司）电视台没有理由与通用电气的医疗设备业务同在一个屋檐下，其余行业也是如此。但特罗特给出了一个理由，而且是一个很好的理由，来说明为什么批评者对企业集团的看法是错误的。彼此互动的行业范围越多样化越好，因为这极大地扩展了行业间相互借鉴的最佳实践的范围。如此一来，所有人都能共同学习，共同进步。

韦尔奇任命了世界上第一位首席学习官史蒂夫·克尔，他将特罗特矩阵作为通用电气在纽约克罗顿维尔的管理教育项目的核心组成部分。新经理在接受培训时，都学会了如何利用矩阵在整个通用电气内明目张胆地"偷师学艺"。克尔还将特罗特的报告系统推广开来，因此每个人每年都必须在全公司范围内学习或传授这种方法。特罗特和克尔还进一步将矩阵扩展到外部资源。例如，通用电气的质量控制计划借鉴了摩托罗拉的做法，并从日本的持续改善（Kaizen）理念中吸收了许多元素。

特罗特也将矩阵用于营造多样性：

> 我们在通用电气开始了多元化的启动工作，但我们毫无头绪。纽约时报曾刊登了一篇文章，介绍通用电气在这方面的不足。那篇文章引用了我的观点，但我有点儿太轻率了。当时，我是公司执行委员会中唯一的非裔美国人。他们问了

我一个问题。我说："如果我用我们管理多元化的方式来管理我的业务，我早就被解雇了。"你猜怎么着，他们居然把这句话登在了报纸上。

于是我接到了杰克的电话。我说："你是准备炒了我吗？"他说："不，你是对的。那现在我们该怎么办？"

首先，我们一致认为我们没有答案。当时，有三家公司——施乐（Xerox）、IBM（国际商业机器公司），还有一家我记得是AT&T（美国电话电报公司），被吹捧为在企业中推行平权行动和多元化的佼佼者。

我带着一个团队（不是人力资源部门人员）的业务人员去了这些地方。在我看来，把一些社交活动交给人力资源部门是错误的。他们应该提供帮助，但我们要解决的是一个运营问题。在我的领导下，我们把它变成了一个运营问题。我们去了这些地方参观，我们做了笔记，我们倾听。然后，我们汲取了这三者的精华，将其汇集并融入一种文化，我们的文化，以一种我们认为我们的文化可以接受的方式。

我们可以看到，在任何形式下，对任何问题，特罗特矩阵开始时的姿态都是谦虚的。与其认为自己知道答案，不如承认别人在某时某地可能知道得更多。特罗特认为，谦虚是他最初想法的关键：

我有机会真正从基层做起。你知道，那时我每天都在用自己的双手干活，但有时候，当我就如何以不同的方式做事提出建议时，我却被置之不理。我想这改变了我的想法，或者说让我对想法的来源有了更多思考。

选择地图的实施

最初的特罗特矩阵在顶部总是有着同样的问题：如何改进我的工厂？子问题是关于工厂的标准运作，来源则是他所有的工厂。后来他和克尔对矩阵进行了调整，使其适用于通用电气所有公司的其他问题。下述是罗伯特·斯莱特所著《通用商战实录》中的一个例子：

  医疗系统业务的服务人员已经学会了如何远程监控通用电气的CT（计算机体层成像）扫描仪在医院的运行，有时可以在线检测和修复即将发生的故障，有时甚至在客户意识到问题存在之前即可将其修复。
  医疗系统公司与通用电气的其他业务部门——喷气发动机、机车、电机和工业系统，以及电力系统分享了这一技术，从而全面改善了通用电气的整体业务。现在，通用电气的业务部门可以监控飞行中的喷气发动机、货运的机车、运行中的造纸厂以及客户发电厂的涡轮机的性能。这种能力使通用电气有机会通过对已安装的通用电气设备进行升级，来创造价值数十亿美元的服务业务。

下面是来自21世纪初的另一个例子,它详细展示了特罗特矩阵是如何工作的。

克罗顿维尔给即将上任的管理团队出了这样一个难题:通用电气家电公司如何才能转向电子商务?当时,通用电气生产从烤面包机到冰箱在内的各种电器。亚马逊和其他网上商店刚刚起步,通用电气就想知道他们是否应该开始在网上直接向消费者销售家电。但有一个问题:通用电气一直以来都是把产品卖给大商场,再由大商场把产品卖给顾客。如果他们开始直接向顾客销售,大商场岂不是会将他们踢出局,转而从竞争对手那里进货?

克罗顿维尔的团队着手解决这个问题,并开始使用一个特罗特矩阵(见表6.1)。草拟的问题很简单:如何从家电批发转向家电电子商务?然后,他们将子问题分解为销售家电的活动链。

表6.1 特罗特矩阵(空白)

问题(草稿):如何从家电批发转向家电电子商务

子问题(草稿)	金融	塑料	NBC	医疗	电力	抵押	贷款	家电	其他
客户识别									
客户保留									
客户信用									
批发商保留									
客户服务									
分销									

正如我们之前提到的,问题和子问题一直处于草拟状态,直到最后你找到适合它们的解决方案为止。特罗特矩阵把通用电

气涵盖的 24 项业务作为列标题，因为这是他们首先搜索的地方：通用电气金融、通用电气塑料、NBC 电视台、通用电气医疗、通用电气电力、通用电气抵押贷款、通用电气家电等。

然后，团队成员进行了团队管理，决定谁负责搜索哪个子问题，谁负责维护图表，是否每天晚上聚在一起互相更新，等等。然后他们进行搜索。请记住，克罗顿维尔拥有通用电气所有子公司的记录，了解哪些子公司在哪些方面得分较高，因此那里是搜索的第一站。团队人员还来自通用电气的不同子公司，因此他们通过这种方式互相提供线索。他们会给负责每个成功案例的经理打电话，询问具体是如何运作的。

日复一日，他们在矩阵中填入可能用于最终组合的成功范例。这意味着连单元格的内容都是草稿，你也不知道会用到哪些单元格。下面是我们填写了部分内容的示例（见表 6.2）。

表 6.2　特罗特矩阵（部分填写）

问题（草稿）：如何从家电批发转向家电电子商务								
子问题（草稿）	金融	塑料	NBC	医疗	电力	抵押贷款	家电	其他
客户识别	X							
客户保留			X		X			
客户信用								
批发商保留					X			
客户服务						X		
分销							X	

每个X后面都是对例子的简短描述，说明它为什么有效，以及如何将其应用于这个问题。在这个例子中，团队中途便停止了搜索。这是因为他们找到了自己的大创意——这个创意的来源可谓不同寻常。通用电气金融公司有一款产品，它作为员工福利包的一部分，只有成为通用电气的员工才能在线购买这款产品。于是，这家家电企业提出："如果我们只为通用电气的员工及其家属提供在线家电产品，作为一项福利，会怎么样呢？这不会触怒大商场，因为这只是一项内部福利。通用电气有30万名员工，加上他们的家人，这样就有100万名客户，他们肯定都会购买家电。有了100万客户，我们就能致力于解决所有的技术细节问题，并立即获利，而且不会疏远大商场。"

请注意，他们并没有解决原来的问题。相反，他们解决了一个较小的版本。他们矩阵上的最终问题陈述如下：开始从事家电的电子商务。这就是他们解决的问题。他们没有解决整个问题，这没关系。你不可能在两周内解决所有问题。你也不可能在两个月内解决所有问题。有些问题你永远都无法解决。但是特罗特矩阵告诉他们如何去尝试。而现在，大思维也堪称异曲同工。

事实证明，通用电气接受了这一创意，并取得了非常积极的成果，几年后，他们将这一创意扩大到与通用电气有业务往来的公司的员工。这创造了一个包含数百万额外客户的高利润池，而大商场从未表示过反对。直到2016年通用电气出售其家电业务之前，这个内部家电计划持续运营了超过15年。

关于这一点，请注意表6.2矩阵上的最后一个X，即家电/

分销。它代表的创意是：为什么不让员工到销售通用电气家电的大商场去领取他们在网上购买的产品呢？大商场也将获得利润分成。太棒了！

现在，你会看到我们是如何从特罗特矩阵跳转到大思维的选择地图的。我们省略了矩阵中的这些列，因为我们的搜索范围并不局限于通用电气。实际上，通用电气也没有这样的限制，但他们并没有在矩阵上显示其他来源。在选择地图中，我们将找到的策略并排放在每一行中，从而在同一位置为所有来源腾出空间。下面是同一家电问题的最终选择地图版本（见表 6.3）。

表 6.3 选择地图

问题：开始从事家电的电子商务		
子问题	先例	
客户识别	GE 金融：员工福利	
客户保留	NBC 电视：成功 A	GE 电力：成功 B
客户信用		
批发商保留	GE 电力：成功 C	
客户服务	GE 抵押贷款：成功 D	
分销	GE 家电：商店提货	

这是一个相对简单的问题，解决方法也相对简单。你可以看到选择地图是如何容纳更大的复杂性，并为来自各种来源的不同策略提供空间的。由于没有列，所以它不再是一个矩阵。这就是为什么我们称它为选择地图：就像地图一样，它显示了你可以选择的可能方向。在我们的例子中，这些方向就是解决问题的不同组合。

凭借他的矩阵，特罗特率先将公开搜索作为创新的主要认知工具。请记住：所有的思考都是一种记忆行为。为了解决一个复杂的问题，你的大脑会在记忆架子上搜寻，以找到正确的拼图碎片。而搜索会在你的记忆架子上添加更多合用的拼图碎片，这样你就有更大的机会通过把它们组合在一起来解决问题。不管是特罗特矩阵，还是现在呈现给你的选择地图，都可以帮助你跟踪这些思维步骤——因为对复杂的问题来说，这些步骤太多了，你的头脑很难全部记住。

好奇心的回报

不用我多说，你也知道劳埃德·特罗特一直专注于提高整个通用电气的效率。他的矩阵方法在很多方面都具有开创性，但他最有价值的贡献之一是他坚持把具有不同背景、观点和专业知识的人召集到同一个房间里，共同解决问题。他在这方面的工作强调了大思维的一个关键原则：在熟悉的领域之外寻找解决问题的线索。

在这方面，列奥纳多·达·芬奇可能是最具代表性的例子，他向我们展示了创造力是如何从获取远远超出熟悉领域和核心专长的知识中受益的。除了他最著名的画作《蒙娜丽莎》和《最后的晚餐》，他还在笔记本上写满了无数富有远见的创新想法。翻翻这些写于15—16世纪的笔记本，你就能看到现代机器人、汽车、直升机、飞机和军用坦克的前身。如果你去拜访他的家，你会发现达·芬奇是一个乐于不断学习各种知识的人——物理、化学、解剖学、工程学、绘画和雕刻,其涉猎领域之多,不知凡几。

达·芬奇在研究这些不同的领域时,总是将想法和素材分解为基本要素,收集不同领域的知识,并寻找将它们组合成创新的方法。通过将事物分解为基本要素,他意识到这些要素可以被修改和重组,从而创造新的东西。

我认为他是有史以来第一个有意识地认识到在自身领域之外寻找新思路的价值的人。你可能会说,这个公证人和农家女的私生子是天才。确实,我们经常觉得伟大的创新者拥有一种独特的品质,使他们成为博学的多面手,能够同时在多个独特领域获得专业知识。然而,他之所以是创新者,并不是因为他是众多领域的专家,而是因为他愿意花时间探索新的知识领域,并在别人认为不相关的领域间建立联系。

这种能力——以及好奇心——在众多探索领域中搜索、收集范例,然后将它们组合成新的创新,这就是大思维方法的基石。这个过程是达·芬奇真正的竞争优势——像他一样,你必须让好奇心引导你。不过,在发展特定领域的专业知识和探索与你的专业不相关的好奇领域之间建立平衡也很重要。此外,像达·芬奇一样,当你探索其他感兴趣的领域时,你会找到在其他领域最有效的策略,以及你可以使用的潜在策略。

域内,域外

在我们的特罗特矩阵中,存在两类策略。利用销售家电的大商场进行在线销售家电的取货属于"域内"策略。也就是说，该策略与问题来自同一领域：家电。而仅作为福利向员工在线销售家电则属于"域外"。该策略来自金融领域，一个与问题领域不同的领域。我们以前也见识过这种区分。对亨利·福特来说，奥兹莫比尔的固定生产线是域内的，而屠宰场的移动生产线则是域外的。对里德·黑斯廷斯来说，百视达在其域内，而健身房会员制则不在其域内。

在大思维中，我们明确了这两个范畴。这里有一种方法可以提醒你同时搜索这两个类别（见图6.1）。

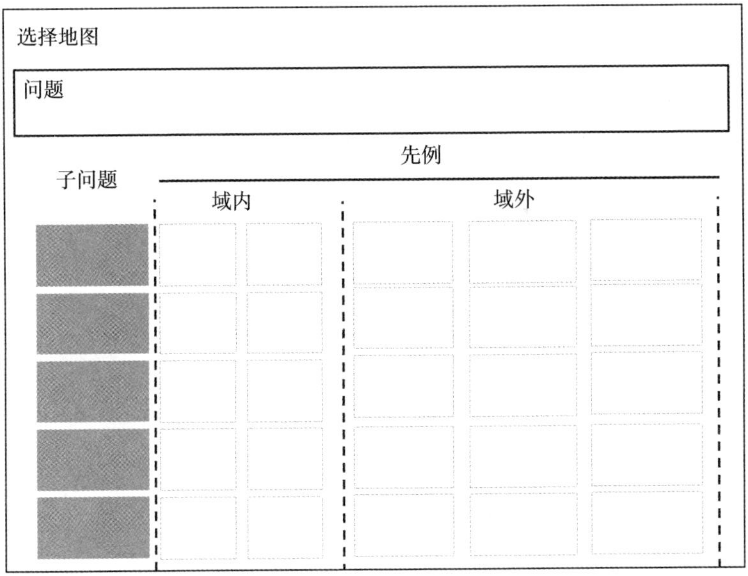

图6.1 选择地图

选择地图的前两列应包括问题所在行业中的非冗余最佳实践。请记住，亨利·福特将奥兹莫比尔装配线作为其领域内的最佳实践，从而加快了T型车的生产速度。前两列是专业知识最重要的地方——它们为我们提供了一个明确的门槛，让我们在该领域探索更具创造性的解决方案，并创造附加值。

作为创新者，首先打好领域内最佳实践的坚实基础可以帮助你设定标杆，然后着手填写选择地图中的后三列——领域外的成功示例。在选择地图中，我们优先考虑更多的域外示例。这是因为这些例子能让我们的创意更为有力——想想福特是如何利用芝加哥屠宰场的移动轨道和日本漆艺的。

在搜索域内或域外的示例时，创新者需要问："谁过去成功地解决过这个子问题？"可以是任何人，在任何地点、任何时间，以任何方式做到这一点。你不需要寻找"当前"的例子，因为你没有关于它们的信息。"过去"自然包括昨天。特罗特可能以为他研究了施乐当前的多元化项目，但实际上，他只是了解到当前为止他们所做的事情。也就是说，那同样是过去。所以不要问："X正在做什么？"而是问："X做过什么？"

在每一行中，子问题都是不同的。有些行可能完全不在域内——这是值得鼓励的，当你的问题是该问题定义领域内未知的内容时尤其如此。但是没有一行应该完全在域内。同样，你在搜索每个子问题时，都要跳出领域——这样做是有充分理由的。在你的选择地图中主要使用域外实践，有助于获得更具创新性的解决方案。我自己的数据分析表明，对于平均包含15个以上策略的选择地图（每个子问题有 5 个策略，其中至少 3 个是域外策略），它随后产生的创意会被同行和同事认为更具创造性。

对于域内策略，回想一下在第二步中，当你分解问题时，你咨询了专家，从他们的知识库中获取你所能获取的信息，以帮助你思考。现在，是时候向这些专家请教域内策略了。需要指出，如果专家很难联系到，或者如果他只愿意跟你谈一次，那么有时你可以在第二步关于问题分解的采访中就设法获取这些策略——在这种情况下，可以在一次采访中提出这两方面的问题。

在进行域外搜索时，你不能像在域内那样依赖专家。对于域外搜索，你的策略可以百无禁忌。在本章后半部分，我将阐释域外搜索的技巧。域外搜索比域内搜索更难，但数据显示，域外搜索是更大的创新源泉。产生最佳创意的关键便在于域外策略的多样性和质量。

为了便于管理，选择地图上给出的单元格较小。如果把单元格做大，整个地图就会变得太大，无法一目了然。在单元格中，你可以直接使用速记标记：福特会写上"屠宰场"，而黑斯廷斯会写上"健身房会员制"。然后，每个单元格后面都有更详细的注释。我们称之为"微注"。如果你使用电子表格，这很容易设置。微注具体而简明地阐释了该策略最重要的内容。屠宰场的微注可能是"让工人固定不动的移动生产线可加快生产速度"。健身房会员制的微注可能是"每月固定费用确保稳定收入，不受会员是否使用的影响"。微注详细阐明了策略及其对你的创意的启迪。虽然你肯定不会照搬屠宰场或健身房的模式，但你可以在自己的解决方案中使用移动生产线或固定会员费。

这样，现在你已了解了使用选择地图进行搜索的基本机制。而要进行有效的搜索，你就必须了解你搜索到的所有内容在这一工具中的最终去向。

现在，我们开始学习搜索的技艺，首先是根据劳埃德·特罗特的重要见解——"觍着脸偷师"他人的成功经验来实施心理训练。最重要的是认识到，这是一种你必须接受和实践的心态，我们将在此解说这一点。

这里我要提一下法律专利和版权。这些规则因国家而异，但总的来说，你需要确保自己不触犯法律。如果你无力支付专利或版权费用，就不要使用这种策略。实际上，只有极少数策略有这种法律保障，所以不要让这种担心限制了你的搜索。如果你发现一个你怀疑有专利或版权的策略，那就进一步去研究它。

这里也涉及一个道德问题：特罗特告诉你要"觍着脸偷师"，但剽窃是一种犯罪！当然，这只是一个比喻。专利和版权会防范真正的剽窃行为。除此以外，这种行为更多给你的是一种不告而取的感觉。特罗特对此给出了合乎道德的答案：引用你的资料来源。他的整个特劳特矩阵系统明确指出了每种策略的来源。你也可以这样做。还记得吗？马蒂斯一定会注明自己的灵感出处，而毕加索却没有。我们可以得出结论，马蒂斯比毕加索更有道德。

对每种策略，重点在于要有证据证明其优点。你很少能找到事实和数据来证明一个策略是成功的，所以你需要其他的成功标志。例如，没有统计研究表明健身房利润有多大比例来自固定会员费用这一策略。相反，黑斯廷斯依靠的是一个简单的判断，即固定收费确实减少了其他不利后果，而且采用固定收费的健身房似乎很多，它们的利润也不错。

即使是在有大量数据的技术领域，这种情况也不鲜见。例如，让我们来看看谷歌是如何诞生的。拉里·佩奇和谢尔盖·布林这两位谷歌创始人最初使用AltaVista作为他们博士研究的搜索引擎。AltaVista是首个自动化互联网搜索的程序，它使用网络爬虫挖掘互联网上的每一个页面。其主要竞争对手是雅虎，后者的每个页面都由人工编码。AltaVista的速度更快，但雅虎的搜索结果质量更高，那么后者是否仍是当时更好的搜索引擎呢？

谷歌的两位创始人依靠自己的判断，以及越来越多用户的共识，认为AltaVista更好。他们结合的下一个策略是图书馆的作者引用机制。这种机制就是别人在脚注中引用你名字的次数越多，你的作者排名就越高。谷歌决定将这一方法应用到其网站上，这样其他网站链接到你的网站的次数越多，你的搜索排名就越高。这样，他们就可以按排名顺序显示AltaVista的搜索结果，而不是随机显示。直到那时，谷歌的创始人才意识到，他们拥有了一个全世界都想使用的伟大搜索引擎。而在此之前，他们还只是在做博士研究。

最后一块拼图碎片是钱的问题。他们如何赢利呢？雅虎作为一个门户网站赚钱，它把所有内容都放在同一个页面上：电子邮件、新闻、购物、天气、体育，以及任何你想放在那里的内容，当然还有搜索。雅虎出售横幅广告和弹出式广告，这些广告显示在同一个页面上。这很方便，但所有内容都加在同一个页面上，使得雅虎的加载速度很慢。AltaVista 和谷歌只提供搜索服务，不赚钱。如果他们增加横幅广告和弹出窗口，就会降低搜索速度。与雅虎相比，他们最大的优势就是速度。所以，这种策略不可行。

后来，谷歌的创始人在搜索中注意到了一个叫 Overture 的网站。这是一个没有多少用户的搜索引擎，但他们在出售广告位，而且不是以横幅和弹出窗口的形式，而是以搜索结果的形式显示在页面一侧的一个美观的小列表中。有趣的是，这些广告并没有影响搜索速度。因此，谷歌的创始人将这一功能写入了谷歌——直到那时，他们才超越了雅虎。近 20 年后，广告搜索仍占谷歌收入的大约 80%。

在谷歌发现 Overture 这块拼图碎片之前，雅虎一直是最成功的搜索引擎。这说明你搜索的是别人正在做的事情的不同碎片，而不是将整体照搬过来。AltaVista 解决了拼图中的一块碎片，图书馆引用机制解决了另一块，而 Overture 解决了第三块。你必须根据自己的判断来确定你所找到的特定策略是否有效，是否足以让你将其用于你自己的选择地图中。

一旦你找到了一个有前途的策略，问问专家，他们是否认为这个策略有助于创意的成功。这就是谷歌的创始人当初挑选 AltaVista 的原因——根据专家对该领域的判断，包括他们自己的判断。专家通常乐于对自己领域的成功经验发表意见。不要仅仅停留在"是的，它有效"或"不，它无效"之类的回答上。问问专家为什么这么认为。并不是每个专家都对自己的领域了如指掌。他们的解释将向你揭示他们对你所询问的策略是否有足够的认识和深入的理解。只应向专家询问其领域内的策略。当你发现一个域外策略时,请咨询该领域的专家,而不是你的问题所在领域的专家。

域外知识与专业知识之间的关系为我们提供了一个关于多样性的独特视角。如果你是以团队的形式实践大思维,那么来自不同背景的成员会对问题是什么以及如何分解问题有各自不同的看法。多样性是多多益善的,但专业知识也很重要。在实践中,在问题所在领域经验最丰富的人往往会主导认识问题和分解问题这两个步骤。经验会造成多样性陷阱,而歧视会阻碍某些人获得经验,因此仅仅重视人们的经验会加剧歧视。

在大思维中,我们通过创造公平的竞争环境来解决多样性问题。首先,当你在一个团队中工作时,你务必始终以个人的身份完成每一项任务。这样每个人都有平等的机会做出贡献。其次,域外搜索可以抵消经验优势。在该领域经验较少的人在搜索其他领域时会有更不拘一格的眼光。正如我们从许多例子中看到的那样,域外策略比域内策略更具创新性,并且通常来自非专业人士。尽管在问题所在领域缺乏经验,但选择地图搜索是一项可以让你获得创新优势的可习得技能。经过反复练习,你就会成为这方面的专家。

在选择地图的情景下考量多样性时,请始终牢记,你的创意的质量取决于你在地图中所包含的选择的质量。

利用多样性

多样性可以提高组织的创造力和绩效的说法已经是老生常谈了。过去10年间的数十项研究表明，几乎所有衡量群体多样性的指标——国籍、教育、职业、地理环境或种族，都能提高组织的创造力和绩效。尽管如此，我们往往还是发现在利用多样性方面存在一定的困难，而大思维有助于解决这一问题。

正如已故的凯瑟琳·菲利普斯在她的开创性研究中所阐述的那样，仅仅让来自不同背景的人聚集在一起，并不足以获得多样性的益处。要充分利用思想的多样性，你必须营造一种信息共享和解决冲突的文化。在这种文化中，所有的声音都能被倾听、被尊重、被理解。当你鼓励来自不同领域的人分别在选择地图上填写域内和域外的先例和策略时，你将自然而然地获得一系列不冗余的创意。通过先进行个人搜索，然后聚集在一起分享大家在每一行找到的策略和先例，每个团队成员都将得到鼓励来分享他们的创意，无论这些创意看起来多么天马行空或错综复杂。在实践中，我可以说，选择地图自然而有效地创造了一种鼓励发散思维的群体动力，并真正利用了多样性的力量。

为何要避免失败

当我教授大思维方法时，一些学生总会问："为什么我们不研究一下失败案例呢？"这个问题很有道理。从童年开始，我们的父母和老师就告诉我们，我们从失败中能学到最多。长大后，只要有其他成年人失败，我们就会对他们重复这句话。其实说这句话的真正目的是让你振作起来，不要把失败放在心上。失败无疑给我们上了一堂道德课——正所谓人无完人。而从失败中振作起来则有助于培养坚韧不拔的精神。

但不幸的是，很多人就此一蹶不振。你仔细想想就会明白，对个人成长有帮助的并不是失败，而是你对失败的反应。失败本身只是教给你做事情的错误方式，或许还教会我们谦逊。如果失败是最好的老师，那么我会告诉你，为了学到尽可能多的东西，你得尽可能多地失败。失败是痛苦的，会让你铭记于心，但它根本不是最好的老师。

想象一下，你是一个生存类电视节目的选手，必须独自生存一个月。一架直升机把一丝不挂的你丢在一片森林中央。这里有充足的水源，最理想的食物来源是生长在这片森林里的种类繁多的蘑菇。我会给你两本书来提高你的生存概率：一本收录了森林中发现的500种有毒蘑菇的百科全书，以及一本介绍10种可食用蘑菇的简明指南。你只能选一本书，你会选哪本呢？

如果你想成为蘑菇专家，那么大可以选择百科全书。但你的目标截然不同，是生存。你需要建造庇护所，寻找生火的燃料，想办法生火，并收集食物来维持自己的生命。你还需要制作一些衣物，尤其是护脚的物品。换句话说，你需要解决一系列紧迫的子问题，10种可食用蘑菇的简明指南，为你提供了其中一个问题的答案。而有毒蘑菇的百科全书却没有给出任何答案。

你也可能会问:"比起别人的经验,我不是从自己的经验中才能学得最好吗?难道经验不是最好的老师吗?"让我们回到我假设的森林中。这一次,你没有书。所以你开始从经验中学习。你挑选了一种蘑菇,它看起来和你以前吃过的很相似。你尝了一下,结果被毒得不轻。你的经历教会了你什么?不要吃那种蘑菇。你尝了另一种,结果又中招了。这就是你在整个森林中获得的经验。

然后,你碰巧遇到了另一位参赛者。她比你多待了两周,试了22种蘑菇才终于找到一种不会让她中毒的。你会让她把那种蘑菇指给你看,还是会说"不,谢谢,我想自己学"?经验是很好的老师,但也是最慢的老师。向你在岛上的幸存者同伴学习,比亲身品尝几十种蘑菇,直到碰巧找到一种可食用的蘑菇快得多,也安全得多。

劳埃德·特罗特可能需要花几十年的时间来亲自经营他的每一家工厂,才能从他的工厂经理们所积累的经验中学到九牛一毛。毕加索花了数年时间成为一名独当一面的专业画家,但当时有创意的专业画家有很多。而他通过借鉴其他艺术家的作品,尤其是非洲雕塑家的作品,在创新方面突飞猛进。如果要通过直接经验掌握非洲艺术的技法,他本要花费数年时间。相反,他通过师法其他艺术家而大大缩短了这个过程。在你的大思维搜索中,你会发现很多"蘑菇",但只有那些稀有的可食用"蘑菇"才能出现在你的选择地图上。

我经常被问及的另一个问题是:"努力避免失败不会让我们

变得厌恶风险吗？如果创新总是有风险，我们难道不应该拥抱失败吗？"的确，一些企业家建议未来的创新者要"早失败、多失败"。他们把每一次新的尝试都当作一次实验，而有些实验难免会失败。但是，按照大思维的方法，通过系统地甚至是有条不紊地进行创新，就可以降低失败的可能性。

让我们看看科学的方法，不是所有的实验都是一样的。实验有好的，亦有糟糕的。我希望你能避免那些糟糕的实验。而大思维会教你如何避免。不要依赖试错法——那会让你亲自品尝500种蘑菇。这是个糟糕的实验，往好了说是低效，往坏了说是致命。相比之下，大思维会发现更多成功概率大的好点子。是的，实施这些创意也是一次实验，但成功的概率更大，因为你是在成功策略的坚实基础上进行实验的。众所周知，估计有90%的初创企业都失败了。虽然了解这些信息很有用，但它们不应该出现在你的选择地图中。你要增加的是你所尝试的实验不会失败的概率。艾萨克·牛顿并不是站在失败实验的肩膀上，他是站在过往成就的肩膀上。

借鉴以往的成功经验并不能自动消除失败风险。网飞的推出是一次实验，但它是基于可靠的策略实施的。在科学领域，研究人员往往花费更多的时间来构建实验，而不是实施实验。不要害怕失败，但也不要去寻求失败。大思维将让你的想法立于坚实基础之上，让你的实验有更大的成功机会。

策略性复制

正如我们在本章中反复提到的,搜索是一门技艺,特罗特称之为"觍着脸偷师"。为了让这听起来不那么不光彩,我们姑且将其称为"策略性复制"。虽然这听起来很新鲜,但实际上你一生都在"有策略地复制",甚至包括你说的话。你的母语是你发明的吗?当然不是。你是从别人那里复制的!你所知道的大多数信息也均是如此。

你听说过"模仿是最高形式的奉承"这句话吗?那是因为模仿,不管是哪种形式的模仿,让我们习得并传播文化、规范和社会习俗。然而,模仿行为有时也会让我们误入歧途。实验人员在对人类幼儿和倭黑猩猩的比较研究中发现了这一点。

想象一下,一位科学家站在一个房间里,手里拿着一个盒子。一只长臂垂地、眼睛有神的倭黑猩猩漫步进来,实验人员向它展示了盒子里面的食物。然后,实验人员开始夸张地摆动自己的双手双臂,再打开盒子,把食物递给倭黑猩猩。接下来,实验人员再次用他的手做出夸张的、随机的手势——在空中画圈和画线。倭黑猩猩站在那里,好奇地看着,耐心地等待着从实验人员那里得到食物,后者也确实在完成夸张动作之后把食物递给了倭黑猩猩。

接下来,一个名叫迈克尔的 4 岁人类幼儿走进房间,同一位实验人员拿着同一个盒子,向孩子展示盒子中的食物。然后,实验人员在空中重复他对倭黑猩猩做过的手势,再打开盒子,把食物给迈克尔。在迈克尔的注视下,实验人员一次又一次地重复他的动作。

随后，实验人员离开了房间，把盒子留在了房里。迈克尔被带回房间，并看到了那个盒子。迈克尔想到了盒子里的食物，他走到盒子前，模仿之前看到的实验人员的随机手势——在半空中画圈和画线，然后打开盒子，拿走了食物。之后，实验人员将倭黑猩猩送回空荡荡的房间，盒子就放在房间中间。倭黑猩猩只是径直走到盒子前，打开盒子，然后吃掉了这顿大餐。人类幼儿迈克尔模仿了这些手势，尽管他并不需要这些手势就能吃到食物，而倭黑猩猩并没有做这些动作。

这并不意味着倭黑猩猩比人类幼儿更聪明。问题的关键在于，人类有时模仿得太多了。

对策略的某些部分，你并不需要模仿。你只需打开盒子就行了。

我们可以回顾一下之前所有的例子，看看我们的创新者所没有采纳的部分。黄油搅拌器有一根长长的木杆——南希·约翰逊没有采纳这一结构。屠宰场的工人穿着白色大褂——亨利·福特没有让自己的员工也穿。毕加索并没有成为一名木雕艺术家，他只是从非洲雕刻艺术中汲取了棱角分明的面部特征。创新的历史中这类示例多有，不一而足。

人们往往认为复制是错误的，或者认为这是一种剽窃行为。虽然对某些类型的剽窃行为有法律约束，也应该有法律约束，但复制行为往往是与创造力联系在一起的。通常情况下，当我们复制时，我们只是在"策略性地"复制前人的成果，以取其精华。例如，斯蒂芬·金和他的儿子乔·希尔等知名作家在遭遇写作瓶颈、文思枯竭时,可能会从其他书中复制整页内容。许多作家都会采用这种做法,用不同于自己习惯的行文风格和节奏来激发灵感,当然,这样做也是为了避免出现作家最害怕的情形:试图写作却一无所获,面前只有空空如也的稿纸。

未能理解部分复制策略会阻碍你的创新。你可能会对你的老板说:"让我们从 Y 公司借用技术 A 吧。"老板回答说,"我们和 Y 公司不一样",或者"我们已经尝试过 A 了,但是没有成功"。在后一种情况下,他们很可能尝试了 Y 公司的 A + B + C,也就是说,他们试图复制的太多。他们从来没有只尝试过 A。

将他人的成功分解,并去芜存菁,只取你想要借鉴的部分,这是一种你可以加以培养的罕见技能。一般来说,我们往往一看到成功,就认为我们必须全盘照抄,否则就什么都别模仿。可实际上,你要寻找的是成功先例背后的特殊策略——最佳部分。你必须有的放矢,去复制成功的策略,而不是对一个成功的先例依样画葫芦,才能有针对性地解决你的问题。事实上,从我的大思维课程学生的项目中收集的数据一致表明,那些认同策略性复制价值的学生最终创造的解决方案,会被行业领导者和他们的同行评价为更新颖、更有用。

为什么要关注旧想法

你可能会问,我们为什么要绘制一张填满了旧想法的选择地图呢?创意和创新意味着未来的新事物,这与"过去"正好相反,不是吗？

好吧，新事物来得其实没那么快。

让我们想象一下，一家公司想要开发一款新的手机 App，以为其用户的健康生活方式提供支持。公司决定为该 App 进行众包来征集创意。任何人都可以提交尽可能多的想法。这些想法会进入一个数据库，每个人都能对所有的想法进行评分。

一开始，你认为你必须想出一些对人们有吸引力、易于使用且从未有人尝试过的东西。你先做了一些调查。过了一段时间，你开始把你的想法诉诸笔端。你强调这是一个普通的、易于使用的应用程序，但它也有一些以往的健康追踪器上从未有过的新功能。然后你把自己的想法提交给了数据库。

现在，你要看看其他人提交了什么。你要根据创意、购买兴趣、潜在盈利能力和提交内容的清晰度对这些不同的想法逐一打分。你发现它们分为两类：第一类，有些人所描述的 App 是你在调查中了解到已经存在的，只是他们对其稍做了调整。它虽然功能完善，但没有太多新意。第二类的情况与第一类恰恰相反：那些过于新颖的想法，它所依赖的技术要么在手机上无法使用，要么根本不存在。

现在你注意到了第三类。有些想法介于"实用但不新颖"和"新颖但不可能"之间。

你要提交对这三类想法的评分：实用但不新颖的，新颖但不实用的，以及介于两者之间的。当所有的结果都出来后，你会想知道：这三类想法中哪一类获得了最高的评分？

答案其实显而易见。我的两个同事奥利维尔·图比亚和奥代德·内策对2 000多人进行了一项研究，这些人对4 000多个想法进行了评分。他们使用了一种巧妙的语言分析工具来确定每个概念的新颖性。例如，如果你的想法将"健康"和"锻炼"配对，该工具会显示其他想法描述中进行相同配对的频率。如果你的想法描述与其他想法描述有很多相同的配对，那么它的新颖性得分就很低。但是，如果你的想法描述的配对与其他想法的描述的不相似，如"健康"加上"跳伞"，那么你的想法描述就会获得很高的新颖性分数。

在每个人都提交了他们的想法描述之后，研究人员要求参与者对所有的想法进行"创造力"评价。

哪种想法的创造力得分最高：最新颖的，最不新颖的，还是介于两者之间的？图比亚和内策报告说："根据想法中各'成分'的组合来衡量，那些能够很好地平衡熟悉度和新颖性的想法，被认为更有创造力。"

如果你以前见过某样东西，那么它就是"熟悉的"——用大思维的术语来说，那就是一个先例。创造性地解决问题源于将旧的碎片组合成新的形式。记住，一秒之前就已经是过去了。这种成分以前存在过吗？如果没有，它就不是一项成功创新的可行组成部分。

业内诀窍

让我们回到如何搜索的问题上来。你在茫茫大海中捕鱼，而这片大海涵盖了人类的所有经验，贯穿了古往今来的所有时间。

你甚至不是用渔网，而是用鱼叉叉鱼，逐一寻找策略和先例。你到底从哪里开始呢？

我之前提到过求助专家以发现域内策略的价值。但是，没有哪个专家对自己领域的所有事情都了如指掌，你也不可能采访到所有现有的专家。你的主要资料来源将是书面材料。在这方面，图书馆员可以帮上大忙。更有可能的是，你将使用谷歌查找大部分策略。它俨然成为有史以来最大的图书馆。

你提出的问题决定了答案的质量。在领域内，你要寻找最佳实践，就像特罗特所做的那样。通用电气列出了其所属24个行业的最佳实践策略，为这些行业提供了丰富的域外策略资源。遗憾的是，谷歌并不会像特罗特那样列出最佳实践策略。我在谷歌上搜索了"新产品营销最佳实践"，得到了超过10亿条结果。当我浏览前十几个结果时，我发现没有一个是策略。我得到的大多数是某人声称是最佳实践的意见。我为什么要相信他们？我得不停搜索，才能偶尔找到一个例子，有人说明X策略帮助Y公司取得了Z成果。

注意"最佳实践"和"最佳实践策略"之间的区别。在通用电气，你不能只宣称自己拥有最佳实践，然后指望每个人都相信你。特罗特会验证每个单元矩阵的结果。当你采访专家时，这个区别是关键。如果专家说"达到Z的最好方法是做X"，你接下来该怎么说？问一个例子。没有这个，你就没有策略。你有的只是别人的意见。

最好的解决方案是让你的谷歌搜索词与你的子问题匹配，甚至在你与专家交谈时也是如此。早在谷歌之前，福特就提出了这样的问题:"其他汽车制造商是如何缩短生产时间的?"这让他找到了奥兹莫比尔装配线。这是一个领域内的先例。他还问道:"其他行业是如何缩短生产时间的?"这把他带到了屠宰场的流水线上,他也因此用一种域外策略大获成功。

这才是谷歌的用法。在输入子问题时,先以与你的领域相关的特定术语的形式输入,再将其作为一般问题输入,以涵盖所有领域。例如,假设你正在尝试改进出租车服务,而你的子问题之一是:"我们如何使出租车费用对消费者来说更便宜?"对域内策略,你可以搜索类似的出行领域,看是否有人解决过该问题。对域外策略,你可以把领域去掉,回到子问题并留白:"我们如何使(空白)对消费者来说更便宜?"现在用一个不涉及任何特定领域的更通用的说法来填补这个空白。我们称之为"领域不可知"。例如,你可以说:"我们如何使价格适中的服务对消费者来说更便宜?"你能看出这立刻为我们打开了一个更大的选择空间吗?

娴熟的选择地图使用者精通所有三种域外搜索:不可知搜索、局部搜索和平行搜索。一旦你习惯了这样做,你就会发现很多好例子。你发现的越多,你就越有选择余地。这与选择过多的困境不同,因为你是一个接一个地遇到这些策略的。尽管如此,明智的做法是保留一份较长的有希望的线索清单,每次你发现一个好策略,就把它添加进去。然后回过头去进一步研究每一个。按部就班地进行选择。你的选择地图只应纳入最有力的策略。

跳出思维框的最佳方法就是进入其他思维框。由于领域有不同的层次，在完全跳出某个领域之前，你也可以部分跳出，这就是局部搜索。例如，你可以问"我们如何使消费者的个人出行更便宜？"这样的搜索范围比出租车行业更广，但仍属于出行的范畴。你甚至可以针对一个不相关的平行领域，方法是先将子问题设为不可知，再考量一个合适的不同领域。例如，你首先会问："如何使价格适中的服务对消费者来说更便宜？"然后你就可以想到其他价格适中的服务：自助洗衣店、咖啡店、遛狗人、搬家车、有线电视等。再逐一搜索，例如："如何使自助洗衣店提供价格适中的服务？"

以下是三种域外搜索的一些示例。

子问题草稿：我们如何激励孩子学习数学？
不可知：我们如何激励孩子学习？
局部：我们如何激励孩子去做某件不令人兴奋的事呢？
平行：我们如何激励孩子吃健康食物？
    让孩子每天刷牙的最好方法是什么？
    博物馆和图书馆如何管理孩子的行为？
    让孩子做家务最有效的方法是什么？
子问题草稿：如何更高效地运输捐赠器官？
不可知：如何更高效地运输易损物品？
局部：如何更高效地运输易损的医疗用品？
平行：食品公司如何在运输过程中保持食品新鲜？

运输玻璃雕塑最快的方式是什么？
带新生儿旅行的最佳方式是什么？
烘焙师如何将婚礼蛋糕运送到婚宴现场？
子问题草稿：我们如何让顾客相信我们的食物是健康的呢？
不可知：我们如何让别人信任我们？
局部：我们如何让客户信任我们？
平行：银行如何让人们信任它们？
汽车销售人员如何让人们信任他们？
脊椎按摩师如何让客户感到舒适和信任？
最值得信赖的跳伞公司是哪家，他们做了什么才获得信任？

下面是一个更全面的域外搜索示例。比方说，我的主问题是如何让地铁提供更好的出行体验。你知道，人们经常要等地铁。我的一个子问题可能是："如何减少等待带来的不愉快？"我的不可知搜索询问的是人们的一般等待情况。我的局部搜索询问的是人们在等待登上交通工具如飞机和渡轮时的情况。我的平行搜索则会询问哪些非交通场所会让人们等待。

平行搜索把我引向了迪士尼乐园。在排队等候时，它有互动游戏和活动来帮你打发时间。它有快速通道、分批登机、欢乐屋镜子和单人排队等策略。我还发现了百思买，在那里，一条蜿蜒的队伍通向所有收银台，这让你无法比较不同收银台的等待时间，也就无从抱怨。全食超市则用颜色标记不同的队伍。

一方面，大思维搜索可谓工作繁重。但对那些好奇事物如何运作的人来说，搜索是有趣和令人兴奋的。记住，有创造力的人有一个唯一的共同特征，那就是好奇心。对有创造力的人来说，大思维搜索亦是一种乐趣。

创意协助

谷歌、图书馆、其他书面材料来源，对搜索都至关重要。然而，我们在本章一开始就提到了与专家交流的技巧，因为人类认识和理解事物的方法永远是呆板的形式所无法企及的。在这里，我们要回到通过专家寻找策略的问题上，这种技巧大大拓宽了相关人员的咨询范围。谷歌、图书馆和其他书面材料都会提到一些名字，然后你就可以直接与他们联系。或许你已经认识相关专家。为了找到更多，我鼓励你使用创意协助。

如今，我相信你已经无数次听到过关于搭建人际网络的建议：结识尽可能多的朋友；参加尽可能多的会议；加入委员会、参加活动，培养兴趣爱好，在电梯里与陌生人聊天；你遇到的下一个人可能就是你需要结交的贵人。

这种方法背后的理念是，成功就是一场数字游戏，增加数量是找到有用之人的最佳机会。社交媒体让这一切变得更加容易。大多数人对待人际网络的态度就像对待彩票一样，你不断刮着一张又一张彩票，希望能中大奖。建立人际网络的目的是扩大你的网络。相应地，创意协助的目的是拓宽你的创意。建立人际网络的标准建议是尽快了解对方。而在创意协助中，你不需要了解对方。你要开门见山，问他们一些对你的问题有用的问题。把你遇到的每个相关人员都当成专家，并遵循我已经告诉你的那些有助于搜索的规则。不要询问他们对如何解决你的问题的看法，要向他们请教解决你的某个子问题的策略。

创意协助的关键在于如何结束与每个人的谈话。你应该告诉他们，他们对你的帮助有多大，但你不想占用他们太多时间。再问问看，他们认识的人中还有谁有兴趣和你谈谈你的问题。你可能会得到10个名字，也可能一个都没有。能问到3个也不错。然后你可以分别联系这3个人。向他们询问策略，并以同样的方式结束。再分别问出3个名字。于是3变成9，9变成27。你的策略清单就会越来越长。

现在，你可以看到人际网络与创意协助之间的区别了。人际网络涉及大量低质量的对话，而创意协助只产生少量高质量的对话。有些人吹嘘自己的人际网络有上千人。而对创意协助来说，任何一个子问题都很少需要联系超过27个专家。这是因为你会发现随着联系的专家越来越多，专家们所引用的策略开始重复出现。一旦你不再发现新策略，你就应该停下来了。

我希望你也能注意到，你保留联系人的时间有多长。在人际网络中，这时间可以无限长。你把尽可能多的人保留在你的名单上，因为你永远不知道将来什么时候你会想要寻求他们的帮助。而在创意协助中，你只需与专家交谈一次，就再无下次了。当然，也有例外情况，那就是事实证明某位专家对你特别有帮助、特别感兴趣或特别友好。在这种情况下，你可以询问他们，你是否可以在思考更多事情时再联系他们。例如,你可能会得到一个新策略,然后请之前的专家来评估这个策略是否真的是成功的要素。

如果你有 5 个子问题,则应为每个子问题启动一个单独的创意协助流程。由于子问题之间相互关联,这些主题可能会重叠。这完全没有问题。如果同一专家有时间,并且不同子问题均涉及其专长,可以随时就这些不同子问题向他提问。

你是否领会到了人际网络和创意协助之间的区别?哪个更令人愉快?人们上商学院的主要原因之一就是想建立人际网络。但我从我的学生那里了解到,他们中的大多数人都觉得自己在这方面做得很失败。当我在课堂上问"在座有谁擅长人际交往?"时,举手的人寥寥无几。学生们纷纷讲述他们在自我推销时遭遇的尴尬和毫无诚意的回应。内向者基本上将此视为一种社交折磨。

每当我向全班同学解释创意协助时,我会听到大家都如释重负地松了一口气。在这个时刻,他们开始自己的选择地图搜索行动。在接下来的几周里,一个又一个学生把我拉到一边,说他们已经开始使用创意协助了,并感谢我教了他们这一招。他们甚至在传统的社交活动中也会用到它。他们不再像往常一样在社交场合尬聊——你在哪里工作,在哪里上学,我也养了一条狗,等等——而是简单直白地描述自己的问题,并询问对方能否想到任何策略。这样做可能不会带来实际结果,但谈话会更有趣,也更适合传统的人际网络关系。

人际网络已成为社会科学研究的一个重要课题。学者们认为有两种网络关系:强关系和弱关系。你想必都可以猜到这些词的意思：强关系是指与你经常互动的人的关系，而弱关系则是与你很少互动的人的关系。创意协助让你拥有弱关系。马克·格兰诺维特的一项著名研究发现，弱关系会产生更多的知识，因为强关系告诉你的往往是你已经知道的。

格兰诺维特之后的许多研究都证实了弱关系人际网络的力量。2007年，李·弗莱明、圣地亚哥·明戈和戴维·陈编制了一份超过3.5万名发明家的名单，这些发明家与名单中另外至少一人合作过专利。其中，强关系意味着你在和某人就某专利展开合作前，就与他合作过一项专利。弱关系则意味着你是第一次与这个人合作专利。结果如何？弱关系产生了更多专利，也产生了更多创造性的专利：此处创造性的意思是这些发明跨越的类别以前很少见，甚至前所未有。

这里还有一个弱关系的例子。朱塞佩·贝佩·素达、皮尔·维托里奥·曼努奇和罗纳德·S.伯特研究了长期播出的电视剧《神秘博士》的制片人、导演和编剧名单。他们发现，制片人通常会连续制作剧集，但导演和编剧却不会。他们提出了一个创意指数，然后根据制片人、导演和编剧之前是否合作过来评判剧集。他们的研究结果表明，团队之前合作得越少，也就是说，关系越弱，这一集就越有创意。

我们可以看到，弱关系会带来更多的域外策略，它们也为我们利用多样性提供了进一步的指引。强关系往往是在家人、朋友和同事之间建立的。与弱关系相比，这些关系的多样性通常较弱。创意协助为你提供了寻找更多多样化关系的理由和技巧。人与人之间的差异越大，就越难沟通，这是人类的基本天性。而创意协助法则让沟通变得更简单。

即使你联系的是一个完全陌生的人，你提出的问题本身也会立即打破僵局。你不是想成为他们的朋友，甚至不是想把他们拉入你的人际网络。你是在问一个有趣的脑力问题，并将他们视为该领域的专家。大多数人都会受宠若惊，乐于交谈。你接触的专家越多样化，你的解决方案就越有创意，这要归功于你找到了更多域外策略。

海蒂·拉玛的破框之路

在大思维中，"专家"是指那些在你的问题或子问题所在领域拥有丰富经验的人。很有可能，你自己并非所有领域的专家，甚至不是其中任何一个领域的专家。作为一个新手，你可能会觉得，去试图解决一个专家还没有解决的问题是一种自大之举。其实，我们在书中已经看到了一些新手创新的例子：南希·约翰逊不是机械师或工程师，NASA 喷气推动实验室的团队对呼吸机也一无所知。让我再给你举一个例子，这可能会让你更受震撼。这个例子的主角是好莱坞影星海蒂·拉玛。

拉玛出生于维也纳的一个犹太家庭，18 岁时成为电影明星。6 年后，米高梅电影公司将她带到好莱坞，并宣传她为"世界上最美丽的女人"。那一年是 1938 年，她迅速成为电影界的顶级女星之一。闲暇之余，她喜欢捣鼓一些发明：例如，她曾尝试制造一种新型交通灯和可以加到水里的苏打片。当她结识了古怪的百万富翁霍华德·休斯后，后者同意资助她的实验。到后来，无论拉玛走到哪里，她都会带着一个便携式实验室和一群助手，连去电影片场也不例外。

作为一名对欧洲政局知根知底的奥地利犹太人，她知道战争即将来临，并始终把这种可能性牢记于心。二战爆发后，美国面临的第一个威胁是德国的U型潜艇舰队。它在北大西洋横行无忌。没有美国的帮助，欧洲将落入纳粹之手，美国也将成为下一个目标。因此，拉玛着手解决U型潜艇的问题。

U型潜艇很难被拦截，因为它们会干扰盟军鱼雷制导的无线电信号。一旦鱼雷发射，U型潜艇就会拦截信号，并以相同的频率发出自己的信号，将鱼雷引向歧途。

1939年，飞歌（Philco）公司发布了一款用于无线广播设备的无线遥控器。拉玛开始对它进行改进，以防止其他信号干扰。飞歌遥控器是一个6英寸[①]宽的立方体，上面有一个像老式电话一样的拨号盘。你可以拨出你想要的频率。盟军鱼雷制导的无线电机制与此其实并无二致。但是，如果鱼雷以一个频率发射，然后在途中切换到另一个频率呢？这样的话，在U型潜艇计算出第二个频率之前，鱼雷就会击中目标。

拉玛的这个灵感来源于自动钢琴。这种钢琴的工作原理是，先给钢琴上发条，然后钢琴会自己转动一卷厚纸，纸上有与钢琴

---

① 1英寸=2.54厘米。——编者注

琴键相匹配的孔。随着纸卷的转动，它会激活不同的琴键。那么，为什么不将一个类似的纸卷用于发射鱼雷，从而让无线电接收器从一个频率跳转到另一个频率呢？在鱼雷中加一个简单的电机装置就可以转动纸卷，就像自动钢琴一样。

拉玛本人是一名训练有素的钢琴演奏者，曾与她的朋友、被称为"音乐界坏小子"的作曲家乔治·安太尔一起演奏二重奏。后者的交响乐《机械芭蕾》曾震惊音乐界：这部交响乐使用了16架自动钢琴、两架三角钢琴、电子铃、木琴、低音鼓、1个警报器和3个飞机螺旋桨。安太尔把自动钢琴连接起来，这样它们就会一起演奏。

据说，拉玛与安太尔一起坐在钢琴前时，突然迎来了顿悟时刻。安太尔按下一个琴键，然后拉玛以不同的八度按下同一个琴键。然后是另一个不同的琴键，以此类推。她说："嘿，看，我们在互相交流，而且我们一直在变！"那一刻，她所做的就是将她的子问题从其所在领域中剥离：如何随着信息的变化而自动交流——不管这种交流是在钢琴上，在自动钢琴之间，还是在盟军的鱼雷上。

拉玛和安太尔制作了一个便携式无线电遥控器，带有一个厚纸卷，当纸卷上的孔滚过时，遥控器会在不同频率之间切换。他们制作了能发出88个不同频率的遥控器，以致敬他们的灵感来源——钢琴的88个琴键。他们的这套"秘密通信系统"获得了美国专利，专利号为2292387。

遗憾的是，美国军方忽视了这项发明。他们有自己的科学家致力于解决各种各样的问题，因而忽略了外部的创新。还记得弱关系和强关系的区别吗？但最终，他们还是醒悟过来。20年后，在古巴导弹危机期间，他们在鱼雷上采用了拉玛的跳频技术。后来，它也成为其他无线技术的关键组成部分，包括 Wi-Fi（无线局域网）、蓝牙、GPS（全球定位系统）、无绳电话、手机和其他数字设备。2014 年，在拉玛和安太尔均已辞世许久之后，两人入选了美国国家发明家名人堂。

我讲这个故事是为了告诉你，非专业的外行也能对一个领域有足够的了解，从而为这个领域进行创新。我希望你能看到海蒂·拉玛的发明是如何遵循大思维的步骤的。即使你不是专家，你也可以做到。

07 第五步：选择地图

不断重新构想新的策略组合

天作之合

被称为"自动点唱机之王"的路易斯·乔丹是摇滚乐出现之前的那个时代最重要的音乐家之一。他最著名的歌曲之一是《豆子和玉米面包》。这两种食物一开始吵得不可开交，但后来意识到它们其实相得益彰，歌词中写道，它们就像：

香肠和酸菜

热狗和芥末

姐妹和兄弟

炸猪肠和土豆沙拉

草莓和酥饼

腌牛肉和卷心菜

肝和洋葱

红豆和米饭

百吉饼和熏鲑鱼

酸奶油和饼干

面包和黄油

热蛋糕和糖浆

路易斯·乔丹真是一位善于拟出绝配的诗人。这也正是你在大思维的这一步的目标：从你发现的策略中选出天作之合。就像乔丹歌曲开头的豆子和玉米面包之争一样，你一开始可能会认为两种策略不可能搭配使用。但最具创意的解决方案往往来自这样的组合，一开始你看不到它们之间的联系，然后你就会豁然开朗，就像海蒂·拉玛脑海中的飞歌遥控器和自动钢琴打孔纸卷一样。

你可能还记得在我们的大思维基本路线图中，里面的六个步骤并不是直线行进的。图中的弯曲箭头表示在行进过程中，你实际上在不同的步骤之间来回穿梭。这一点在选择地图这一步中尤其明显，因为此时解决方案已开始汇聚成形。从我们的例子中很难看出这一点，因为我们没有关于创新者每一步想法的完整记录。你每天至少有一千个想法，仅仅是大思维的一步就可以包含成千上万个想法。

你现在已经了解了你的问题具有相当大的复杂性。你对"大局"已经有了一个概念，也知道了你想要什么。你的探究和经验的结合帮助你确定了一系列策略，你可以利用这些策略开始不断想象不同策略的组合，直到找到一个有效的组合。这听起来很简单！然而，我们知道，它永远不会像事后讲述的故事里描述的那样天衣无缝。

当我们想到"大"创意的创造时，我们往往会认为这些"大"创意背后的人物都有着高于庸常生活的故事。但如果你仔细斟酌他们故事中的所有细节和迂回曲折，你可能会惊讶地发现，即使是最伟大人物的最伟大创意，其创造方式也与其他创新并无二致。他们定义并分解问题，找出各种策略，并以一种有用的、新颖的方式将它们结合起来，且这种方式让那些执着于实现解决方案的人感到有意义。

为了向你介绍选择地图绘制的实践，我想给你讲述一个人的故事，他有一个货真价实的伟大想法。身为20世纪最伟大的革命者之一，他不仅在他的一生中成就了伟业，而且给后世留下了不可磨灭的印记。与前面章节中描述的例子不同，这一次，我不是在谈论一项科学发现、一件艺术品或一项新业务。现在让我们来看看一个"理念"，它已被世界各地的人当作一种熟悉的手段加以使用。我在此指的是"非暴力不合作"的策略。而这一理念的"父亲"正是圣雄甘地。

如果你读过圣雄甘地的生平故事——这些故事的版本甚多——你就会知道，他年轻时非常害羞，是一名失败的律师。这些故事可能会告诉你，他在与父亲和妻子的家庭关系中遭遇的困难纠葛。它们也可能会试图揭露他思想和内心的异于常人之处。但论及他的伟大理念，他所做的其实正是我在本书中要求你们做的。

让我用一个故事告诉你们，我所认为的甘地是如何创造非暴力不合作理念的。在讲述这个故事时，我关注的不是这个人和他的生平故事，而仅仅是他为创造这一伟大理念而拼合起来的每一块拼图碎片。甘地想要解决的问题是："如何帮助印度人民从大英帝国的统治下获得独立？"

他的子问题是什么？有三个问题亟待解决：

1. 一个被征服的民族如何才能在不使用暴力的情况下有效对抗一个强权？
2. 我如何才能把因宗教、种姓、语言和地理区域而分裂的人们团结起来？
3. 面对印度人的传统观念，我如何才能让这种新思想获得支持？

解决第一个子问题的灵感来自英国本身。1906年，他作为南非纳塔尔印度人大会的领导人前往伦敦，观摩了由埃米琳·潘克赫斯特领导的妇女参政运动（见图7.1）。在那里，新一代女性通过有组织的被捕计划，以登上头条新闻并为她们的事业赢得同情的方式，来争取选择权。她们的主要策略是进行被当局宣布为非法的游行和"让公众撕心裂肺"的绝食抗议。甘地在观察英国妇女参政权论者的行动后，于1906年11月在南非为《印度舆论》（*Indian Opinion*）发表了一篇著名的文章，其中写道："今天，整个国家都在嘲笑她们，只有少数人站在她们一边。但这些妇女毫不气馁，坚定不移地从事她们的事业。她们一定会成功并获得选举权，原因很简单，行动胜于空谈。"他带些挑衅地要求印度男子效仿英国妇女表现出的"男子气概"。甘地采用了潘克赫斯特的策略，并将其进一步发展成非暴力不合作的哲学和一整套方法，这就是今天众所周知的"甘地方法"。

图7.1 （左）埃米琳·潘克赫斯特的女儿克里斯蒂娜·潘克赫斯特和另一名妇女参政权论者手举抗议标语（意为"为女性争取选择权"）的合影；（右）在争取选举权的抗议活动中被捕的妇女

对于第二个子问题，甘地师法了伟大的俄国小说家列夫·托尔斯泰（见图7.2）。托尔斯泰是贵族出身，在生命的最后时刻，他将自己的家族庄园改造成了一个无阶级的社会。他的追随者建立了托尔斯泰派公社，遵循他的原则，即所有人完全平等，可以共同生活和工作。甘地就在南非建立了类似的农场，并称之为"托尔斯泰农场"（见图7.3）。他用这种方式将人们平等地团结在

一起,并在带领他们出去抗议之前向他们传授他的方法。非暴力不合作行为可能会激起警察或愤怒暴徒的暴力行动,抗议者自己

图 7.2　列夫·托尔斯泰在他庄园旁边的树林里

图 7.3　南非的"托尔斯泰农场",后来被命名为"修道场"

往往也会冲动地做出反抗。他们首先需要接受培训，学习甘地教给他们的非暴力哲学和技巧。

对第三个子问题，甘地着眼于古老的印度传统：圣人。印度的所有宗教都承认这个人物形象，甘地也开始在言谈举止和衣着打扮上模仿这个人物形象。你可以从他的穿着中看到这种渐变。当他第一次观察妇女参政运动时，他穿得像一个英国律师。而当建立托尔斯泰农场时，他穿得像个印度农民，就像托尔斯泰本人在他的无阶级庄园里开始穿得像个俄国农民一样。随后，甘地将农场改名为"修道场"，自己打扮得像印度圣人一样，围着一条白色的缠腰布，赤裸的胸膛上只披一块白布（见图7.4）。而修道场则是圣人坐镇之处。最后但同样重要的一点是，他发明了一个新词来取代"非暴力不合作"，即 satyagraha（音译为"萨蒂亚格拉哈"）。在印地语中，saty 意为"真理"，graha 意为"坚持"。他化身为一名圣人，在全国各地传播 satyagraha 的哲学理念和方法。

图7.4　年轻时律师装扮的甘地（左）；在托尔斯泰农场，一身白衣农民打扮的甘地（中）；"圣人"打扮的甘地（右）

甘地采用了分别源自东方和西方的完全不同的策略，并将其结合起来，超越了印度文化、语言、地域和宗教的界限。由此，他发起了一场涵盖所有子问题的运动，并最终解决了他的主问题。非暴力不合作的理念是"伟大"的。它强有力且具有普遍性，已成为全球人民呼吁正义时所常用的工具。这一工具以其在1960年美国民权运动中的使用最为著名。但时至今日，人们仍在使用这一策略来解决各种社会问题。

选择地图绘制：一种工具

请回想一下我们在第1章中所引用的伟大的法国博学家亨利·庞加莱的名言："发明在于避免构建无用的组合，在于构建为数不多的有用组合……发明就是辨别，就是选择。"这句名言源自他1913年出版的《科学的基础》一书。在书中，他进一步解释说，"发明"就是在众多无用的组合中选择有用的组合，"在被选择的组合中，最多产的往往是那些由相距甚远的领域中的元素组成的组合。我的意思并不是说，把尽可能不同的东西组合在一起就足以构成发明；这样形成的组合大多数是完全没有生命力的。但是，其中某些非常罕见的组合，却是最有成效的"。

在这里，庞加莱的见解与大思维对域外策略的强调如出一辙。他将"完全不同"的元素结合起来的能力使他成为最具创造力的科学家，虽然他从未获得过诺贝尔奖。从1882年到1912年逝世的30年间，他推导出了高等数学公式，并惊人地将其应用于各种各样的课题：天体力学、流体力学、光学、电学、电报学、弹性力学、热力学、量子力学、引力、相对论、宇宙学、拓扑学、数论、电磁学、微分方程和代数几何。然而，这些课题都不属于诺贝尔奖的范畴。

庞加莱没有获得诺贝尔奖，但他的研究成果却使历史上最伟大的科学家之一获得了诺贝尔奖，此人便是阿尔伯特·爱因斯坦。当爱因斯坦在瑞士的伯尔尼专利局担任专利文员时，他会整天坐在办公桌前阅读各种发明提案。他在阅读专利文件的间歇，便会阅读庞加莱的著作。在日记中，爱因斯坦对庞加莱大加赞扬，并声称："庞加莱在他的书中领悟到了（日常经验与科学概念间关系的）真理。"爱因斯坦在庞加莱身上发现了一种美，那就是探索你感兴趣的世界以外的地方，让自己置身于不熟悉的事物中。历史学家和科学家都认为，爱因斯坦就是审查碎石分选机和机电打字机等专利的幕后办案员。他自己还申请了50多项专利，包括制冷系统、声音复制系统和自动相机的专利。通过接触这些发明，爱因斯坦促成了他著名的相对论思想实验。爱因斯坦甚至在1905年，即"奇迹年"[①]发表的论文中把伯尔尼专利局称为他的"世俗修道院"，并称在那里他"酝酿出了最美丽的想法"。

[①] 1905年，爱因斯坦接连发表了5篇重量级学术论文，提出了光电效应、狭义相对论等重要理论，开创了物理学的新纪元，构建了现代物理学体系，甚至令整个世界都为之发生了深远改变。这一年也因此被冠以"奇迹年"之名。——译者注

现在，你有了一张选择地图，其中包括你的问题、问题的分解、来自行业内最佳实践的一系列策略，以及来自完全不同行业的众多最佳实践。你将利用这些材料为你的问题创造多种解决方案。在一个典型的 5×5 选择地图中，其以最简单的形式，便有可能提供给你 3 125 种不同的创造性组合，你可以从每行选择一个策略开始，在你的脑海中排列 5 个策略（每个子问题一个），然后让你的大脑想象你如何将这些策略结合起来形成一个解决方案。回想一下第 2 章中提到的诺贝尔奖得主埃里克·坎德尔的获奖成果。你的大脑就像一个巨大的图书馆系统，摆满了一书架又一书架的信息，每当你形成一个想法时，你就会从不同的书架上获取信息。想象一下，这些信息是如何以几乎无限的方式进行组合和重组，从而创造一个想法的。

在绘制选择地图时，我会慎重地向你展示你可以利用的信息，这样你就可以有意识地将各种策略结合起来。因此，我是在帮助你唤起对这些策略的记忆，但就像其他任何思维练习一样，你要在脑海中排列出一系列想法，并问自己"我能想象出什么？"，以及"如果我把这些碎片组合在一起，我能创造什么？"。

请注意，在进行选择地图的绘制时，你必定会创造"有用"和"新颖"的组合，因为你只会组合那些为你的既定子问题之一提供解决方案的策略。而且，通过采用来自不同行业的策略，你可以确保所产生的组合既有用又新颖。这并不是说它们都一样好。有些组合会比其他组合更好，而决定孰优孰劣的方法就是使用你的大局评分，对你生成的创意进行比较和对比，看看哪一个能满足你最多的需求。

每当我们殚精竭虑想要构思出一个真正的好创意时,我们都会发现自己在不同的环节被卡住。我们会碰壁,然后会试图找出翻越这堵墙壁的方法来解决问题。与其他创新方法不同的是,大思维并不单独依赖于思绪漫游或休息。大思维并不指望你记忆架子上的碎片会随机地从架子上自行掉下来并形成联系。相反,手握一张蕴含相关信息的选择地图,你就能获得解决问题所需的所有相关碎片。有了这些碎片,无论你何时陷入困境,何时发现当前的解决方案行不通,你所要做的就是从同一张选择地图中找出一套不同的策略,然后想象一下:"我怎样才能把这些碎片组合在一起,使其发挥作用呢?"

慢慢来

当你开始绘制选择地图时,我强烈建议你抵制速成的诱惑,不要急于想出你的第一个好创意。如果你在过去做过很多头脑风暴,你可能会觉得大思维需要花费太多时间。记住,头脑风暴如此受欢迎的一个原因就是你可以快速完成。一个小时,两个小时,也许一整天——但之后,你就大功告成了!如果是为了快速解决你经验范围内的问题,这种方法行得通。但对创造性来说,这是一个错误。

传奇篮球教练约翰·伍登曾对他的球员说:"要快,但不要急。"在大思维中,你当然可以抓紧一点儿,在日程安排中挤出时间,逐一完成每个步骤。但不要操之过急。也就是说,不要把步骤本身做得太快,以至于敷衍了事。这一点在绘制选择地图时尤为重要。你已经具备了所需的所有要素:问题、子问题、策略和大局图。那还不快点儿?——让我们快马加鞭,一举整出一个解决方案吧!但"学习+记忆"模型表明,解决方案来得越快,就越缺乏创造性。欲速则不达,你需要时间来让你的大脑建立不那么显而易见的联系。

我想给你展示一个练习,它证明了坚持思考的价值,在这个练习中,你不能满足于第一个最明显的解决方案。要知道我已经对数千名学生做过几百次这样的练习了。

拿出纸笔,想象你有一根牙签。现在给自己计时。在接下来的两分钟内,尽可能多地想出如何使用牙签的创意。

准备,开始。

两分钟到了。停止。

把手上这份清单标记为"1"。

再来一次。再用两分钟,重新列出如何使用牙签的创意。

准备,开始。

两分钟到了。停止。

把手上这份新的清单标记为"2"。

三是个好数字,所以我们再来一次。在两分钟内,再列出一份如何使用牙签的创意清单。

准备,开始。

两分钟到了。停止。

把手上这份清单标记为"3"。

三轮就够了。现在数一下你在每一轮中有多少个创意。如果你和大多数人一样，你可能在第一轮和第二轮有更多的创意。现在这样做：圈出最好的创意，也就是那些你认为最新奇和最有价值的。现在我会问："哪份清单上的圆圈最多？"

在你的第一轮关于牙签的创意中，你可能会选择最常见的牙签用途。在第二轮中，你感到有些吃力，因为你要努力想出你前所未见的牙签新用途。当我让你做第三轮时，你可能会对自己说："又来了！"但是，当我进一步向你施压的时候，你提出了最好的创意。

大多数人在3号清单中画了最多的圆圈——这些是你的最佳创意，而大多数人在1号清单中的圆圈最少。请注意，每做一次，想法的质量就会提高一次。第一份清单上的想法最多，但最后一份清单上的想法最好。我在教授大思维时，会向大家展示各种数据如何表明随着受访者想法数量的减少，想法的质量实际上却在提升。不断费神构思创意可能会让你有点儿失去动力，但这一步的关键是要坚持，且要超越你认为自己能坚持的程度。在大思维中，我们想要的是更好的创意，而不是更多的创意。但要想获得更好的创意，你就必须坚持不懈，不断进取，而不能满足于最初的想法。

心理学家布赖恩·卢卡斯做过一个扩展版的牙签游戏。他让他的学生们在10分钟内分两轮为感恩节晚餐上吃什么或喝什么出主意。在开始之前，他让学生预测哪一轮会产生更多新颖的想法。然后他们做了两轮演练。之后,他们对所有创意的新颖性进行了 1~3 分的评分。结果如何呢?我想这已在你的意料之中:学生们预测他们在第一轮中会做得更好,但更多的新颖想法是在第二轮中产生的。

这些实验以不同寻常的形式雄辩地证明了坚持不懈的重要性。我们通常认为坚持所体现的是完成一项任务——爬山、学习游泳或者为一个重大项目工作到午夜所需的耐力。但现在我们看到,坚持对创意同样有效。

只有当你离开自己的舒适区,并甘之如饴时,你才会产生最伟大的创意。持续绘制选择地图非常重要。你需要不断尝试不同的组合,直到找到契合你的大局评分的组合。

通常,我们会在创造过程中提醒自己"要有创造力",结果反而使自己陷入困境。告诉自己要更有创造力,只会令你自己压力陡增,注意力涣散,无法提出最佳解决方案。我的同事梅拉妮·布鲁克斯研究了一种被称为"创造力悖论"的现象,即告诉某人要创造性地思考这一行为实际上会使他们缺乏创造力。老师或经理常常会告诉你要"创造性地思考"或"运用你的创造力"来解决问题。现在回想一下:这真的能让你更有创造力吗?

在一项研究中,布鲁克斯让 2 000 人使用不同的产品——像乐高积木这样的玩具,像回形针这样的办公用品,以及手机 App——来玩"创造性"游戏,让他们进入创造性状态。他们在两周内每天这样做一个小时。对一半的参与者,布鲁克斯让他们在玩游戏后写下他们"最有创意的想法"。对另一半参与者,则只需简单地写下他们的想法即可。结果显示，那些被告知要有"创意"的参与者产生的想法少得多，新颖的想法也少得多。布鲁克斯总结道，对"创意"的要求增加了太多的压力，也没有提供如何在实践中创造性地思考的指导。

大思维消除了这两个障碍。它为如何发挥创造力提供了明确的指导，并且在这个过程中没有施加任何压力。恰恰相反，它解释了以下矛盾：为什么你的解决方案中没有任何单一的元素是新颖的，可这却有助于你提升创造力。如果你能专心致志地遵循我们的大思维的步骤，那创造力就会自然涌现。

选择地图绘制实践

在我们着手选择地图绘制实践之前，请先允许我与你分享一个选择地图的示例，其中用到了我最喜欢的一种现代创新技术。这个例子展示了我们在不同步骤之间和步骤本身之中所进行的思考——具体来说，就是展示了创新者的思维是如何在选择地图上穿梭自如，又是如何在选择地图和大局评分之间来回游移的。问题、子问题、策略、需求、组合：它们像波浪一样起伏不定，把你推向你的解决方案。

该问题的领域是肉类，或者更确切地说，是非肉类。最新研究告诉我们，肉类生产所排放的气体约占导致全球变暖的温室气体总量的15%，而牛肉更是其中的罪魁祸首。然而，全球肉类产量仍在不断攀升。随着人们越来越富有，他们会吃更多的肉。

一种解决方案是让豆类和其他蔬菜能在外观、烹饪方式和口感上接近肉类。到目前为止,这种方法并不怎么奏效。此类替代品的市场也算增长迅速,但相对肉类生产总量仍然是杯水车薪。此外,即使是这些人造肉最忠实的粉丝也承认,这些替代品在外观、烹饪方式和口感方面都与真正的肉类相去甚远。

此时轮到伊森·布朗登场了,他是一名环境工程师,热爱绿色环保事业,在解决能源与气候领域的技术难题方面成果斐然。凭借这一独特背景,他着手解决这个问题:如何使非肉类成为肉类的可行替代品?他对此的兴趣,也就是说他的愿望,直接来自他自己所擅长的环境科学领域。我在2020年年初采访了布朗,从而进一步了解了这位出众的问题解决者是如何开展工作的。下面是这位创新者自己讲述的关于选择地图绘制的故事。

布朗以相当符合大思维的方式,对他的问题进行了分解:

问题:如何帮助非肉类产品替代肉类?

子问题:

1. 如何制作一种外观、烹饪方式和口感都像肉的健康替代品?
2. 不用动物原料,如何制造出像肉一样的物质?
3. 如何使这种替代品的价格与传统肉类相当?

你立马就会意识到,现有的肉类替代品制造商可能已经做过同样的问题分解。于是布朗开始了他的搜索,果不其然,对子问题1，他找到了许多结合各种天然蔬菜食物，尤其是使用大豆的策略。这些都是现有的替代品。他的搜索结果证实了这些替代品的不足——它们虽然看起来像肉，但烹饪起来不像肉，吃起来也不像肉。不过没关系，他知道一个子问题只代表了整件事的一个环节。也许当搜索其他子问题时，他会找到改进现有替代品的要素。

现在他着手搜索子问题2：一种不含动物原料的像肉一样的物质。等一等，嗯……这不是和子问题1一样的搜索吗？并非如此，如果从科学的角度来看，那些蔬菜替代品实际上并不"像肉一样"。布朗是一名科学家，他想："也许是这些替代品的基本成分导致了它们的不足，而不是我们加工它们的方式导致的。"他现在问自己："肉到底是什么？"他对这个问题进行了研究，发现肉类的化学组成与所有蔬菜替代品的成分非常不同。当然，大豆含有蛋白质，但它不是肉类蛋白质。于是布朗问道："有没有人在不用动物原料的情况下制造出肉类蛋白质？"

我们可以看到，布朗重构了子问题2，以至于它现在成了位于新的选择地图顶部的问题。

问题：一个产品如何才能在成分上与肉类相似？
子问题：
1. 如何从非肉类来源获得相同的肉类蛋白质？
2. 如何将它们重新组成一种新的物质？
3. 如何让人们将其作为真正的肉来接受，而不是作为替代品？
4. 如何使其与传统肉类的价格相当？

为了寻找答案，布朗深入研究了有关肉类及其蛋白质组成的科学文献。这使他发现有一部分科学家正在研究如何分解植物蛋白，并将其改造成类似动物蛋白的结构。这超出了他自身的领域范围，却在问题所在领域内。然后，他又从自己的领域，即能源工程学，找到了下一块拼图碎片：通过加氢程序，将蛋白质重新合成一种新物质。对该问题而言，这属于域外解决方案。

这样一来，子问题 1 和 2 就得到了解决。对子问题 3，他找到了乳制品行业（一个相关领域）的一个关键策略。在 20 世纪 90 年代的反脂肪风潮中，牛奶蒙上了不健康食品的污名，这并不公平。以"喝牛奶了吗？"（Got Milk？）为主打宣传语的广告运动扭转了这一形象，告诉公众牛奶对人体有益，当然，人们也喜欢它的味道。布朗的新产品能做到这一点吗？他能否让公众相信，他的产品不是肉类的替代品——它就是肉类，只是形式不同而已？

答案是……可以。他成功了！布朗研制出的产品与传统的蔬菜替代品相比，在外观、烹饪方式和口感上都更像肉类。凭借自己的创新，布朗于 2009 年成立了 Beyond Meat（意为"超越肉类"）公司，并于 2019 年 5 月首次公开募股。截至 2022 年 7 月，Beyond Meat 的市值已达 23.6 亿美元，成为全球第 3 396 家最有价值的公司。

布朗在搜索阶段花费了大量时间，正因为如此，他在这一过程中改变了整个问题。他研读了所有能找到的资料，找到了关于蛋白质重组的早期学术研究，并且整日沉浸于对这个问题的思考中，即使是在洗澡和遛狗的时候也不例外。他发现了一个问题，用一种独特的方式加以归纳，辅以域内和域外的策略，并全身心地投入搜索。这一切让他创造了独特的组合解决方案，也就是现在的 Beyond Meat。

尽管 Beyond Meat 业绩不错，但布朗仍在致力于解决子问题 4："如何使其与传统肉类的价格相当？"对此，一个上佳的起点是在各行各业的供应链方法中寻找策略。如今，他仍在孜孜不倦地努力着，就像当初他全力以赴地追求一个大创意时一样，充满热情、专注和动力。我们不知道这个创意能否实现，但截至 2022 年 7 月，Beyond Meat 已成为北美领先的肉类替代品品牌。

现在轮到你了

让我们一起来实施一个选择地图的例子。在这里，出于练习的目的，我选择了我们日常生活中很多人都会用到的事物作为示范，这样一来，我们就不会对其感到陌生。当然，你也可以用同样的方法来解决其他各种问题。

问题：如何高效地将优质电脑鼠标与笔记本电脑一起携带？
子问题 1：如何使其便于携带？
子问题 2：如何使其不易丢失？
子问题 3：如何让鼠标的动作捕捉功能顺利运行？

我们先从域内开始搜索策略。你可能会发现一种高科技钥匙链式充电器，它解决了第 1 个子问题。这种产品可以夹在钥匙链或皮带上，并将电线收纳在设备内。在网上搜索一下，就会发现一种专门用于电脑鼠标或触控笔的畅销挂绳。这种挂绳利用笔记本的音频输入插槽作为固定位置，从而解决了第2个子问题。你可能还会发现罗技鼠标，它可以在任何表面上使用，它的设计符合人体工程学，它甚至还有可自定义功能的按钮。这些都是域内策略。当你把这些策略结合起来时，你可能会得到一个非常实用的先进设备。但它不会很有创意。很多科技行业的人都会觉得它似曾相识。

为了更具创新性，我们需将目光投向域外。

对第1个子问题，我们可以在更广泛的范围内寻找任何能让顾客携带起来更方便的东西。就像信用卡！它比纸币和硬币甚至支票簿方便多了。但什么样的信用卡呢？它们并不都一样。通过进一步探究，我们找到了发现卡，这种卡超薄，大部分卡面是空白的，没有浮凸的数字或花纹。它可算是最便于携带的信用卡。

对第2个子问题，我们要寻找任何能不断提醒我们物品位置的新方法。一个答案是便利贴！明亮、多彩、自黏、轻便——这些简单的特性确实能帮助普通消费者把它和任何东西黏在一起。尤其是它的颜色，使它有别于一般鼠标的灰色或黑色外观。

对第3个子问题，我们要问：“鼠标是捕捉手部动作的唯一方法吗？”鼠标触控板是另一种方式，但那还是在域内。在域外，我们发现了用于家庭或办公室安保的运动传感器，或者仅仅用于开关灯的运动传感器。Fibaro运动传感器可以识别光、热、运动，并具有语音控制功能——这些都为鼠标的正常手部动作之外的应用提供了可能。

下面是我为此示例构建的选择地图（见图 7.5）。

主问题：如何高效地将优质电脑鼠标与笔记本电脑一起携带？

	1	2	3
子问题 1：如何使其便于携带？	钥匙链式充电器（域内）  · 可扣在钥匙链或皮带上 · 电线收纳在设备内 · 闪烁显示电池供电时间	苹果手表（半域内）  · 可穿戴 · 有线或无线充电 · 定制化（运动）显示 · 触摸屏	发现卡（域外）  · 可放进钱包 · 无浮凸的数字或花纹 · 抛光金属质感 · 卡面极简设计 / 信息
子问题 2：如何使其不易丢失？	amPen 可拆卸弹性线圈挂绳（域内）  · 可插入耳机插孔 · 弹性线圈可伸长至 10 英寸	"查找我的设备"应用（半域内）  · 免费下载 · 室内外地图 · 手动锁定丢失装置 · 让丢失装置发出鸣叫	便利贴（域外）  · 色彩明亮（引人注意） · 可丢弃 · 可贴于任何位置 · 不留残胶
子问题 3：如何让鼠标的动作捕捉功能顺利运行？	罗技 MX Master 2S 鼠标（域内）  · 配备轨迹轮和拇指旋轮 · 适用于任何表面 · 人体工程学设计 · 可自定义按钮	微软的设计专用 Surface 触控笔（半域内）  · 无延迟 · 多达 4 096 个压力点，可感应到最轻微的触碰 · 用于触摸屏 · 允许你的手靠在屏幕上而不发生误触	Fibaro 运动传感器（域外）  · 识别光 · 识别热 · 根据温度改变颜色 · 可调灵敏度 · 语音控制

图 7.5　已填写的选择地图，电脑鼠标示例

现在，我们可以进行不同的组合。我给你们举两个例子，这是我在绘制选择地图时产生的两个创意。

如果我们把钥匙链式充电器和触控笔挂绳（两者都在域内）还有运动传感器结合起来呢？我们可以制作一个小型球形传感器，将其放置在任何表面上，便能使其周围区域成为模拟电脑屏幕的触摸屏。你可以对它进行编程，让它识别特定的手指动作，甚至是"缩放"或"滚动"等特定功能的语音命令。最后，该设备还有一根挂绳，并配有一个可盘绕的USB（通用串行总线）电线夹，方便充电和携带。

另一种组合使用了发现卡、便利贴和罗技鼠标，这是一种简约化的鼠标风格，它带有一个自黏套筒，就像一个钱包，可以贴在笔记本电脑的任何地方。有些手机壳也有类似的薄钱包，可以用来装信用卡。我们的超薄鼠标可以直接塞入这个套筒，而且套筒颜色鲜艳，不易丢失。

这些只是众多可能的组合中的两种。我希望你们花几分钟时间，创造一些自己的组合。从每个子问题行中选取一个策略，你能创造什么？你能想出什么类型的解决方案？把它写下来，好好研究一下，考虑其是否可行，又如何实行。多做几次。把这个练习当作一次锻炼你的组合和重新设想能力的机会，并尝试为这个问题创造一个解决方案。

做完这些之后，你就有了绘制选择地图的实践经验。下次再做的时候，这项任务就会变得容易一些。就像学习任何复杂的技能一样，熟能生巧。你要学会让自己的思维不断破局。

保持开放的心态

回想一下，在第四步中，我们强调了在团队中让具有不同观点和知识的个人聚集在一起的重要性。多样性可以帮助你绘制出最佳版本的选择地图，这幅地图将给你带来出其不意的反直觉策略。在大思维的过程中，我将为你提供一些策略，帮助你更自如地将看似矛盾的策略组合在一起。这样，我们才能构思出那些真正新颖而有用的组合。

相关研究向我们清楚地展示了陌生体验的价值。在一项对时装设计师的业务进步、受欢迎程度和获奖情况进行的长达 11 年的跟踪调查中，数据表明，在外国生活时间越长的设计师越有可能获得时装奖项。他们也更有可能被公认为具有独特性和创新性。例如，在时装周期间，中国出生的设计师王汁的服装席卷了巴黎、伦敦和米兰的 T 台，成为头条新闻，她的服装主要因其现代垂坠设计和纹理面料的创新搭配而获得认可。在接受 *Vogue* 杂志法国版的采访时，王汁声称她的灵感来自中国传统以及她在上海和伦敦的工作经历。在这些文化浸染下，她能够将东西方元素结合起来，并注重开发新颖又有独创性的材料。同样，奥斯卡·德拉伦塔的设计给我们异曲同工之感。德拉伦塔在多米尼加共和国长大，曾在巴黎担任高级时装助理。

研究表明，具有双文化和双种族背景的人更有可能在创造性解决问题的任务中表现出色。当接触截然不同的文化叙事时，他们会更有创造力。这是因为他们学会了看到各种想法之间的联系，而在单一文化背景下，这些想法就会被视为彼此对立的。我并不是说，要有创造力，你就必须是混血儿，有双重文化背景，或热衷于周游世界。问题的关键在于，具有可塑性和开放性的思维，是那些具有双文化背景的人更有创造力的原因——每个人都可以通过大思维方法中的一些简单技巧来培养这种特质。

让我们来做一个活动，让你进入正确的思维状态，想出一个既新颖又具有熟悉内核的创意。我要你拿出一支笔和一张纸。想象一下，你的任务是为当地大学书店可能会销售的新产品出谋划策。

首先，你需要想象一根钓竿的图像。钓竿是金属的，很结实，配有手柄、导线器和卷轴。钓线细长，末端有一个小钩子。根据脑海中的这幅图，列出你想到的所有想法。退后一步，花几分钟思考一下这个画面。然后拿起笔，写下一个最终想法。

把这份清单放在一边，重复同样的过程，不过这次你要从想象一块白板开始。

现在，我想让你回到你最初为钓竿列出的想法清单。当你回顾这些想法时，请开始思考你通常会在书店看到的9种物品——计算器、索引卡、马克杯、钥匙链、笔、笔记本、教科书、连帽衫或背包。然后，结合钓竿和这9种物品，为书店可能会销售的最终产品提出一些新的想法。把这些写下来。

现在重复前面的步骤，不过这次想象对象换成白板。

在第三个也是最后一个活动中，请再次检视一遍你在想到白板时写下的想法清单。在考虑你要销售的最终产品时，请在头脑中思考9种在书店很少见到的物品——钢琴、瑞士军刀、锤子、跑步机、头盔、珠宝、轮滑鞋、扬声器或手提包。

好了，你有了自己的创意！现在看看你的清单并比较一下。

创造力专家和研究者贾斯廷·伯格所做的这项研究表明，在创意的酝酿过程中，开始时的输入对最终的输出有着极其有力的塑造。如果你和他研究中的被试并无不同，那么当你脑海中呈现的是不常见于书店里的物品（如钓竿）时，你想到的创意很可能比你在想象典型的书店物品（如白板）时想到的有用创意更新颖。而在第三个实验中，那些脑海中显现熟悉的白板和9种在书店中不常见物品的人，实际上想出了最有创意的点子。连书店员工和顾客都认为这些点子最新颖、最有用。重要的是要明白，我们一开始构思新创意时所接触的内容往往会锚定我们最终产品的新颖性或实用性。这个内容是意料之中的还是意料之外的，会彻底改变我们的构思方式。

这就是为什么在你的选择地图中填入更多的域外策略如此重要。有了更多的域外策略，你就有机会让你的大创意优先具备新颖性，同时又不失实用性。这就是选择地图绘制如此别具一格的原因所在。

策略性组合

绘制选择地图的技巧首先包括策略性地组合选择地图中的单元格。如果是团队合作，每个人都必须首先作为个人从每一行中选择一组策略，给其画圈或用不同颜色突出标记，以便追踪。然后，以这个突出标记的策略为灵感，写下一段文字，描述你的理想组合。在起草描述时，问问自己："如果明天我有 10 万美元来实现我的这个组合，它会是什么样子？它会是一种产品吗？还是一种服务？"用你的想象力把这些点连起来！一旦你写下第一版，我希望你再次重复这个过程，这次请从每一行中选取不同的策略，问问自己："这和你上次想象的组合有什么不同？"

一旦你对选择地图中的每种策略都加以使用，与你的团队成员分享每段描述文字，并讨论谁的想法看起来最可行，同时优先考虑新颖性。如果你是一个人，可以把这个描述分享给你周围的人——你的室友、共进晚餐的朋友、下次聚会时的家人、同事或健身房伙伴。

从这个过程开始学习绘制选择地图的技巧是很重要的，因为它给了你一个门槛。要知道，一开始你会很自然地锚定一个已经存在于你脑海中的想法。而有了合适的工具，你可以克服这一点。让我来告诉你怎么做。

随机组合

在选择地图绘制过程中，有时你会感到被困住。你的脑海里没有哪怕一丁点儿"灵感火花"闪现，也想不出任何组合。在这里，我为你提供了一种方法，让你能够在不知如何组合的情况下，将不同的策略组合在一起。即使你已经看到了一个很好的组合，我也建议你采取这一步。你会明白为什么。

如果你一直遵循本书的教授绘制自己的选择地图，那么现在你应该已经把它填好了。如果你的地图有 5 个子问题，每个子问题有 5 个策略，那么你从每个子问题中选择一个策略，就可以有 3 125 种可能的组合。你不可能全部尝试，但你可以用骰子或随机数生成器等工具至少尝试其中 5 种。在谷歌上很容易找到这种工具。输入 5 行和 5 列，它就会给出一个新的组合供你评估。

一开始，你可能会看着这 5 种策略，然后想："我永远也想象不出这里面能蹦出什么东西。"别低估自己。你当然不会马上看出端倪来。这些碎片不会那么简单地以一种优雅、合乎逻辑的方式组合在一起。让这个组合在你的脑海中慢慢孵化吧。以下是来自哲学家大卫·休谟的一些鼓励："没有什么比人的想象力更自由的了；虽然它不能超越内外感官所提供的原始思想储备，但它有无限的能力将这些思想混合、复合、分割和分离，从而形成各种虚构和想象。"

请注意，休谟对人类的想象力是如何极尽赞美的，但他又将其限制在你的"思想储备"范围内。有时，当我第一次解释最好的创意如何来自既有策略时，有人会抗议说："但这限制了我的想象力！"休谟对此的回答是："说得没错。"正如"学习+记忆"模型告诉我们的那样，想象力的唯一来源就是你所学知识的储备。此外还请谨记选择过多所导致的问题：如果你不限制你想要组合的元素，你的大脑就会认知超载。它要么宕机，要么回到熟悉的模式。

让我来详细说明一下随机组合的概念。在 5×5 选择地图中，假设骰子或随机数生成器给出的数字是 2-5-3-1-2。这意味着你将从子问题 1 中选取第 2 个策略，从子问题 2 中选取第 5 个策略，从子问题 3 中选取第 3 个策略，从子问题 4 中选取第 1 个策略，从子问题 5 中选取第 2 个策略。这就是你现在要花时间组合想象的 5 个策略。我建议至少使用 5 轮数字生成器，让你尝试 5 种不同的随机组合。

以下是我的学生对他们的选择地图相关体验的一些评论：

在过去的一周里，我非常努力地尝试把我最随机、最不着边际的域外策略结合起来。我本以为这不可能，或者即使结合了也没有什么意义，但尝试之后，我居然想出了更多有启发性的点子。

在组合阶段，我发现我并没有像我希望的那样跳出框架思考。所以，我调整了我的选择方法，并决定在每一行中使用最突破常规的策略，并以此想出了一些我的最佳组合。

对我来说，域外组合产生的结果最有希望。让自己跳出舒适区思考，肯定会有所收获。

就我个人而言，为了鼓励最新颖的组合，我倾向于一开始就只结合域外策略。

如果你们是团队合作，可以先拿到随机数字，然后让每个人根据数字想出自己的组合，再互相展示你们想出的组合。你会惊奇地发现大家的解决方案如此不同。你马上还会发现休谟是对的：限制不会阻碍你的创造力。

接下来，你可以继续研究是否有办法对团队成员提出的不同解决方案进行改进和组合。可以把这看作一种"组合的组合"。不要害怕在不同的解决方案之间互换部分。这正是选择地图绘制的魅力所在——尽管有一些限制，但仍然有很多可能的选择可供挑选。让团队列出所有可能的组合，然后逐一审查。选出最新颖、最能解决问题的组合。

紧接着要用到的是组合模板（见图7.6）。这是你的解决方案的总结，只包含子问题和每个子问题的单一策略。

审慎组合范例

子问题1： 如何使其便于携带？	发现卡（域外） · 可放进钱包 · 无浮凸的数字或花纹 · 抛光金属质感 · 卡面极简设计/信息
子问题2： 如何使其不易丢失？	amPen 可拆卸弹性线圈挂绳（域内） · 可插入耳机插孔 · 弹性线圈可伸长至10英寸
子问题3： 如何让鼠标的动作捕捉功能顺利运行？	微软的设计专用 Surface 触控笔（半域内） · 无延迟 · 多达4 096个压力点，可感应到最轻微的触碰 · 用于触摸屏 · 允许你的手掌在屏幕上而不发生误触

图7.6 子问题和领域

为最多 5 种组合绘制这张迷你地图。超过这个数量，选择就太多了。接下来，你要根据你的大局评分来评估每个组合模板。我发现这种方法很快就能使一两个组合模板脱颖而出。有时，搜索阶段和选择地图绘制阶段会让你对大局评分本身进行一些修正。但如果没有合适的组合，你可能需要倒退一步或多步，重新陈述你的问题或子问题，再次搜索，或绘制更多的选择地图组合。我曾多次向学生传授这种方法，他们都惊讶地发现，通过使用骰子或随机数生成器竟然获得了许多有趣的创意。图 7.7 展示了基于图 7.6 中组合模板的一个此类创意。

在这一步结束时，你的目标是绘制出一两张迷你地图，并将其作为你想要实施的解决方案。但要将其付诸实施，则是在你完成大思维所有步骤之后了。而我们的下一章将介绍付诸实施之前的最后一步，即如何将你头脑中形成的想法公之于众。

审慎组合范例

组合起来的创意：
高端触控笔（比如 Surface 触控笔）可能比鼠标更容易使用。可以采用极简设计（触控笔没有凸起的纹路），并在任何设备上附上一个可黏的套筒，这样便于收纳触控笔（就像把发现卡放在钱包里一样）。为了防止丢失，可以在触控笔的末端系上一根弹性绳，插入耳机孔或 USB 接口（就像 amPen 可拆卸弹性线圈挂绳）。

图 7.7　最终选择地图的撰写

你有多少创意

现在，你可能会问："好吧，但我要掷多少次骰子？我要重置这个随机数生成器多少次？"我的回答是：你至少要掷出三种感觉合适的组合。在随机组合模板中，确保主问题写在最上面，子问题写在左侧，并只写出你随机掷出的策略。就是这样。一旦你有了这些不同碎片来拼出组合模板，请写下一段描述文字，以说明你的策略组合在一起时会创造什么结果。

我想给你些挑战——即使你认为自己已经完成了最低限度的组合模板，也要继续寻找。继续掷骰子或加载随机数生成器，将选择地图中的单元格组合在一起。我希望你不断组合，直到你建立了尽可能多的组合模板，然后用你的大局评分对这些组合进行对比，看看哪一个得分最高。或者，你也可以从每个组合中找到不同元素的组合方式，帮助你重新组合，创造更理想的最终结果。记住我们从布赖恩·卢卡斯那里学到的坚持的力量！要想获得最高质量的创意，你就必须坚持不懈，超越自己的想象。

在大思维课程中，我的学生通常会在3个小时的课程中提出10~30个创意。现在看来，这确实很多！但是，如果你是在一个团队环境中工作，创意就会很快积累起来。之后你得把你的创意清单缩短，只留下那些简单的。由于每种组合在理论上都是新颖和有用的，因此当你手握多个组合创意向前推进时，简单性就成了一个关键的次要标准，因为只有足够简单，才能让跨越领域、地域和人种的团队众多成员均理解这一创意。

一旦你将你组合出来的创意缩减到至少 3 个，你就可以选择将哪个创意带入大思维的最后一步了。如果你发现缩减后自己的创意少于 3 个，那就创造更多的随机组合，直到你有 3 个创意能让你向前推进为止。

该如何选择

正如我在整本书中一直提到的，大思维是非线性的，因此，在完成所有步骤后，将得到的所有拼图碎片保存在你触手可及的范围内以便随时取用是非常重要的。为了帮助你选出在第六步中使用的组合，就要重新把你在第三步中创建的大局评分翻出来。回想一下，在那一步中，你确定了与你的创意成功息息相关的各方人士的需求——你的目标群体、你自己和第三方。由于你或你的团队成员将不可避免地锚定那些最富有魅力、最受你关注的想法，并绕着它们打转，这将限制你选出最佳组合的能力。此外，每个组合都会因为不同的原因而各有利弊。因此，我们需要回过头看看在第三步中完成的工作，为我们提供选择标准。

现在，把你的 3~5 个组合创意拿出来——如果你因为难以取舍而留下了更多的组合创意，那也没关系。无论你有多少个组合创意，你都要逐一对照第三步中的大局评分清单，对每个创意进行衡量。请回想一下，清单中的每个类别旁边都有一个勾选框（见图 5.1）。当你检验每个组合模板符合谁的需求时，你要遍阅这份清单，并勾选满足条件的项目。

团队合作时，你们必须先单独查看大局评分并各自勾选，再回到团队中达成共识。在勾选了每个类别（目标群体、你自己或第三方）后，请记下哪个利益相关方的评分最低。如果你的各个组合的大局评分不相伯仲，就必须再看看不同组合中各个利益相关方打钩的数量，然后确定你要优先考虑和优化的创意。各方中得分最高的分别是哪个创意？哪个创意的总体得分最高，哪个群体在这个高分中的权重最大？你应该优先考虑并最终推进的创意应该在各方中都获得高分。如果你是一个视觉学习者，可以使用图 5.4 中的图表来标出你的分数，看看哪一个类别的分数比其他类别的分数高。

我们之所以回到大局评分，是因为它让你有机会综览所有组合模板，并对自己说："嗯，这个创意在我的目标群体中得分最高，但我希望它在第三方中得分高一点儿。那么，我能否从另一个在第三方那里得分较高的组合模板中提取一块碎片，并将其与另一个创意重新组合呢？"通过大局评分，你可以对你的创意进行混合、匹配和优化，从而获得最佳创意。

完成大局评分后，请选择得分最高的创意，看看你的创意是否满足以下条件：

1. 解答了你所有的子问题。
2. 一并改善了市场上竞争产品的现状（例如，辉瑞公司通过开发一种比基于抗原的流感疫苗更有效的基于 mRNA 的疫苗，极大地改善了疫苗市场）。

3. 受到你和团队其他成员的青睐。

现在，你已经做好准备迈出第六步，也是大思维的最后一步。你的创意如今已呈现在你眼前，现在的问题是，其他人也能见你所见吗？

08 第六步：第三只眼测试

其他人是否见你所见

现在，你已经有了原始创意，它以选择地图为呈现形式。此时你面临的诱惑是急于求成！你想要快马加鞭地制作出原型，然后到处推销它。准备，瞄准，开火！

少安毋躁。你还有第六步，也就是付诸行动之前的最后一个构思阶段。在这一步中，你必须进行一系列反馈练习，以了解你的想法是否与已有的想法不同。如果是，它有什么不同？它能开创哪些可能性？你还要尝试了解人们是否会按照你的意图理解和诠释你脑海中的想法。这是构思的关键一步：有意识地收集他人的意见，帮助你的创意最终成形。

在开始之前，让我们听首歌。

炒鸡蛋

昨天
一切烦恼行将远去……

这寥寥几个字出自音乐史上最著名的歌曲之一。1966年，披头士乐队的《昨天》一经推出便登上了热门歌曲榜首，此后又有2 000多位艺术家录制了这首歌曲，其中包括艾瑞莎·富兰克林、"猫王"埃尔维斯·普雷斯利、马文·盖伊和弗兰克·辛纳特拉。MTV（音乐电视网）和《滚石》杂志将其评为"自1963年以来最伟大的100首流行歌曲"中的第一，BBC电台则将其评为20世纪最佳歌曲。

这首歌出自披头士乐队成员保罗·麦卡特尼爵士之手。2020年夏，我有幸和他交谈了一番，其间我问了他关于《昨天》这首歌的创作情形。我的问题是："你是怎么想到这个创意的？"

时值1964年，披头士乐队已经在单曲、专辑和现场表演各方面取得了巨大成功。麦卡特尼当时22岁。一天早上醒来时，他的脑海中浮现了一段旋律。为了帮助记忆，他迅速为旋律添加了一些无意义的单词：

炒鸡蛋
哦，我的宝贝，我多么爱你的腿……

想象一下，当保罗爵士向我唱出这些原始歌词时，我有多高兴。仅凭曲调和这几个词，他就把自己的构想唱给了披头士乐队其他成员、他的制作人、其他歌手，以及他遇到的每一个人听。他想确保这不是一首他以前听过的歌，不是他在不知情的情况下抄袭的。他问大家，这首歌的旋律是否熟悉——是否让他们想起了其他歌曲。

请注意，他没有问他们是否喜欢这首歌。在他四处打听的过程中，这首歌便被传播开来。每问一次人，歌曲都会有些不同。他会关注人们对这首歌的反应，包括言语和面部表情。他一直在摸索，希望找到自己创意的最佳版本。在葡萄牙度假时，在从机场到朋友家的 4 个小时的车程中，麦卡特尼让这首歌的旋律一直在脑海中回荡，并将思绪转向歌词。他在脑海中反复哼唱，直到歌词听起来恰到好处：略带诗意，有点儿慵懒，又不失怀旧之情。一到朋友家，麦卡特尼就兴奋地抓起他看到的第一把吉他，一边弹奏他的旋律，一边唱出歌词："昨天，一切烦恼行将远去……"

他向我解释说，他第一次用吉他弹这首歌是为了听歌词是否与他的曲调相匹配，结果弹得很糟糕。他的朋友只有一把右手吉他，而麦卡特尼是左利手。但他仍然体会到一件非常重要的事：歌词很合适！听着脑海中回放的歌词，他明白了如何把想象中的歌曲变成现实。他已经准备好将新创意展示给其他乐队成员和他们的制作人。

当他对披头士其他成员演奏这首歌时，他问他们，如何为他们的四人组合编曲。他们的回答都一样：麦卡特尼应该独自演唱，除了吉他，什么伴奏都不用。但乐队制作人乔治·马丁给了他们另一个主意：麦卡特尼应该用弦乐四重奏来伴唱。

麦卡特尼对这个建议感到很惊讶，他回复马丁："我们是一支摇滚乐队！为什么我们要加入一个弦乐四重奏？"

马丁回答说："试试看。如果你们不喜欢，我们就把它拿掉。"

于是他们试了一下。当麦卡特尼听完结果后，马丁的想法与他一拍即合——它让这首曲子大功告成。按照麦卡特尼的解释，他和马丁对这首歌的理解是一致的。他们有相同的想法，并促成了它的实现。

《昨天》的故事很好地诠释了"第三只眼测试"的原则。麦卡特尼从自己的构思中得到的想法，加上其他人的反馈，这些碎片慢慢融合起来，成为一个全新的、经过改进的存在。如果他没有去找他的乐队成员、制作人或好友，听取他们的意见，重新修改他最初的想法，这首歌就不会成为今天的模样。

这就是为什么对我来说，这个故事最引人注目的部分并不是他脑海中突然浮现的那段原始旋律。我们知道这种灵光乍现是如何发生的，当大脑放松的时候尤其如此。麦卡特尼躺在床上的时候，脑海里就经常会蹦出一些曲调。我更关注的是，他以一种有条不紊的方式对自己的创意提出了疑问——我们现在知道，这种有条理的方法有助于提高任何此类创意的质量。当被脑海中的旋律惊醒时，麦卡特尼凭直觉知道他必须回答几个问题：第一，这首曲子与已有的不同吗？如果有，有何不同？第二，如果我要创作这首歌，我怎么知道人们从这首歌中听出了什么？在了解人们听歌感受的同时，我能学会如何创作出我想唱的歌吗？可以说，在这个创意最初萌芽之后，麦卡特尼本能地经历了一个步骤。我接下来要给你一个类似版本，也就是大思维的最后一步，我称之为"第三只眼测试"。在将他的想法付诸实施之前，也就是说，在实际录制之前，麦卡特尼表现出了足够的耐心和克制，花费时间去了解别人是否看到了他所看到的，感受到了他所感受到的，以及听到他的新想法后体验了他所体验的。

借助选择地图，你同样能做到这一点。是时候把你的新创意告诉别人了，看看他们能否见你所见吧。

我知你意

想想看，当你向别人解释一些复杂的事情时，要是他们回你一句"哦，现在我明白了"，你想必感觉很好，因为你意识到你想象的东西也可以在别人的想象中成形。他们不仅理解，也能见你所见，感你所感。他们"看到"的是他们脑海中形成的复杂思想。所有的想法都伴随着情感。创意本身就会唤起你成功的喜悦，而当别人也能见你所见时，这种喜悦便更上一层楼。

神经科学指出，这种理解的火花是在你的工作记忆区即前额叶皮质中迸发的。这是你额头后面的大脑部分。在印度教和佛教哲学中，它被称为"第三眼"。你可能见过额头上有第三只眼的神或圣人的画像。与许多世俗的亚洲哲学不谋而合的是，现代科学也证实了这一现象的存在。需要注意的是，第三只眼的位置并不在神经科学家所说的视觉皮质位置，这一皮质位于头部后方。然而，在英语和其他许多语言中，当一个想法在脑海中形成时，我们就说我们"看到"了它。这是因为视觉理解实际上和你要表达的思想一样复杂。

华特·迪士尼深谙此道，并于1958年拍摄了一部短片——《四位艺术家画同一棵树》——来展示这一点。片中，他工作室的四位艺术家在同一时间画了山顶上的同一棵老橡树。结果风格完全不同。只看绘画本身，你永远不会知道他们画的是同一棵树。

在第三只眼测试这一步中，你会发现你的创意就像每个艺术家笔下诠释的橡树一样。它是主观的，取决于观察者的眼睛——观察者既是拥有这个创意的你，也是你势必将在这一步中遇到的对你的创意进行测试的人。

现在，我要你望向窗外，开始描述你所看到的一切。想象你看到的是一张照片，然后把它分成一百个方格。完整描述每个方格中的内容。然后把它分成一千个方格。你的描述会更加详细。再分一次，你就会意识到不可能描述完自己所看到的一切。就像数字屏幕一样，你可以继续分解，直到拥有无数个像素点。如果要对每一个像素点以及它们如何组合成图形进行描述，你需要花费的时间近乎无限。

当你望向窗外时，你的视觉皮质会让你把整个场景尽收眼底，但它随后会与你的工作记忆相连，以一种有意义的方式来观察场景。你的眼睛会从成千上万的点、形状和颜色中提取出当时令你印象深刻的一个子集。这些碎片在你的工作记忆中汇集起来，你就"看到"了可以用语言描述的东西。当你脑海中出现一段强烈的记忆时，也会发生同样的事情。它们都是第三只眼的不同版本。

在亚洲哲学中，"第三只眼"是一种神秘的开悟器官。但即使在英语中，"开悟"也有两种可能的含义——精神的或实用的。精神层面的含义是指你与某种更高的力量相联系，而实用层面的含义则是指你以我在这里描述的科学方式具体"看见"某物。麦卡特尼便是以这种方式向我启示了他是如何写出《昨天》这首歌的。我听懂了，也感同身受。

在大思维的第六步中，我将引导你完成一系列练习，帮助你了解他人是如何看待你的创意的。它与已有的想法有何不同？别人在了解你的创意时会关注什么？如何利用这些信息使你的意图与他人的看法更加一致？

这一步不是要说服别人你的创意有价值，也不是为了获得客户的反馈，从而对其进行调整，使其对客户更具吸引力。这些要在大思维之后，在具体实施过程中进行。这也不是为了获得支持，而是要看这个想法是否值得去做。你的朋友会投"赞成"票，因为他们喜欢你；陌生人则会投"反对"票，因为你的想法与他们的不同。此外，这也不是为了获得潜在投资者、合作伙伴或其他盟友的支持，以实现你的想法。这也是完成大思维之后的事情了。

我之所以给你列出这份关于"第三只眼不是什么"的清单，是因为这些技巧都是收集反馈的标准建议。然而，这些技巧都跳过了回答以下问题的关键步骤：他人是否真的以你希望的方式理解了你的创意，无论是从理智上还是从情感上？他们的理解是否改变了你的创意或你向外界描述这一创意的方式？完成这一步后，你就会问自己，这值得追求吗？如果答案是值得，你就完成了大思维过程，可以放手对其加以实施了。

你喜欢它吗

大多数人都有社交的天性。在现代社会，社交媒体已经把这种自然的欲望变成了一种产业。作为一个十几岁孩子的母亲，我所见的情形是，这些年轻人只要看到新鲜事物，就会拍照发到照片墙或其他平台上。然后，他们每隔5分钟就刷新一次设备，看看别人也发布了什么新东西——不仅是他们的照片，还有浏览量和评论，从简单的"点赞"到可以持续几天甚至几个月的来往评论都是他们关注的。

而作为一名科学家，我想知道：这些浏览量、"点赞"和评论是否以任何有意义的方式反映了人们的真实想法？在微软研究院的邓肯·沃茨的研究中，我找到了一些答案。他和他的团队在一个名为"音乐实验室"的网站上创建了一个人工音乐市场。在那里，他们为用户提供了48首由不知名艺术家创作的不知名歌曲，让他们试听。

该网站的访问量达到了14 000人次，但并非每个人都听到了同样的内容。沃茨将其中五分之一的访客分为"独立判断组"，该组获取了每首歌曲的简短节选，并对他们是否愿意下载这首歌曲进行评分。其余的访问者则分成了8个不同的社会影响组。在这些组中，你不仅能获得歌曲节选，还能看到组内其他人过去对歌曲的评价记录。在社会影响组中，早期获得好评的歌曲最终成为最受欢迎的歌曲,而早期评分最低的歌曲则最不受欢迎。在这些组中,访问者是根据他人之前对歌曲的评价来评分的,而不是依靠自己的独立判断。

该研究揭示了两种极端的情况——客观上好的音乐和客观上差的音乐均会影响其在音乐市场的总体表现。微妙之处在于,在这一情景下,是"喜欢"还是"不喜欢"取决于最终用户个人的主观品味。沃茨的研究富有表现力地揭示了,当存在潜在的客观共识时,这两种主观感受都有一点儿道理。但这种共识只存在于评价光谱的两极。一个极端是,被独立判断组评为"最佳"的歌曲被所有组评为"最佳",类似于麦卡特尼的《昨天》。另一个极端则是被独立判断组评为"糟糕"的歌曲在所有组中都被评为"糟糕"。而排名居中的歌曲在多个社交群体中并没有得到太多共识。于是我们最终看到的是,当我们不能明确自己的感受时,我们往往会更看重社会影响。

如果你的歌真的非常出色,就像《昨天》一样,又或者真的非常糟糕,就像"炒鸡蛋"一样,不管这首歌在哪里传唱,都会有更多的共识。换句话说,只有在歌曲品质极好或极差的情况下,评级才会提供有用的信息。大多数歌曲,超过95%,都并非此类极端异常值。在这种情况下,对其价值的判断完全受社会影响。这使得知道一首歌是"受人喜欢"还是"不受人喜欢"变得毫无意义。

简单地问某人"你喜欢吗"只会产生肤浅的反应。最坏的情况是,它们要么反映了当下的偏见——别人是如何投票的,要么反映了来自长期经验或偏好的更深层次的偏见。当有人说他们喜欢你的想法时，这本身是没有意义的，因为你无法知道他们的判断中可能存在多少偏见。

我特别关注"点赞"问题，因为社交媒体已经让全世界的人都习惯于随意地给事物打分。希望别人喜欢你的想法是人之常情。而第三只眼所寻求的东西难得多，也有价值得多。你必须清楚地向别人表明，你不是要求他们评判你的想法，因为他们自然地就这样做。使用第三只眼来测试你的想法是一项复杂的任务，需要你像在大思维的其他五个步骤中一样深思熟虑，小心谨慎。

倾听你自己

第三只眼的第一步是把你的创意告诉你自己。把它写下来，然后大声说出来。接下来，不写任何东西，向自己描述你的创意，再一次大声说出来。然后尽你所能把你所说过的话写下来。别录下来！这是一种记忆行为。现在编辑你所写的内容，使其更清晰、更有意义。多读几遍。然后把它放在一边。还是凭记忆，大声说出你的创意和你写下的描述文字。

重复这一过程。

你会发现，每次你的想法和描述都会有一定程度的改变。说话也是一种创造性的活动：当我们想说的话从大脑输出并从口中说出时，我们就会发现新的表达方式。然后，我们听到自己所说的话，就会发现它与我们最初的想法不同。实际上，语言创造思想。当你听到自己说话时，你就会在脑海中创造你想法的形象。这是你想要的形象吗？它呈现的是你想要表达的感觉吗？你看到了你想看到的东西吗？

作为一名盲人，我深知说出自己想法的力量。如今的技术可以将文字转换成语音，让我"阅读"。因此，为了"阅读"，我需要倾听。当朗读的文字在我脑海中形成作者想要表达的形象和感觉时，我就能立刻分辨出来。对每个人来说都是如此，不管是盲人还是视力正常者——但人们认为仅仅在书面上默读一遍想法而不必说出口，就能在头脑中产生同样的效果。这就大谬不然了！第三只眼、前额叶皮质和思维形成的科学支持了我的观点。你需要将说、听、想三者结合，并不断重复。

在这整个步骤中，请牢记大局图和选择地图模板的作用。两者都会影响你传达想法的方式。使用大局图来提醒自己想要实现什么目标，并问自己："我想对这个解决方案有什么感觉？"其他人对这个解决方案又会有什么感觉？换句话说，你为什么在乎？大局图的目的是提醒你自己的愿望为何，而选择地图模板则让你脚踏实地，以具体的方式沟通问题和解决方案。这将确保你不会过于高谈阔论，也不会过度偏向于问题或解决方案。

一旦你能不看笔记，流利地对自己大声说出你的想法，你就可以把它说给别人听了。找一个你信任的人——可以是朋友、恋人、同事、两岁的孩子，甚至可以是你的宠物！告诉他们只需倾听，不要有任何反应。对自己说同样的话和对别人说同样的话是两种截然不同的体验。在别人面前，当感觉到他们在观察我们时，我们更能平静自己的内心，从旁观者的角度来看待自己。即使他们缄默不言，我们也会从他们的角度看问题。只要知道有人在倾听，我们就会通过旁观者的眼光来处理信息。

一旦你向别人大声说出了你的想法，请注意此时与只对自己说时有何不同。我是否改变了表达想法的措辞？与我对自己说的方式相比，我是如何表述想法的某一部分的？对别人诉说这个想法时，我是否感到轻松自如？记下你所做的改变，以及你在表达想法时的感受，然后进入第三只眼的下一类反馈。

什么可行

现在，你已经准备好接触你所感兴趣领域的专家了。但你要做的不是以他们习惯的方式向他们征求反馈意见。你不想让他们对你的创意做出评判，你需要的是针对你所提出的解决方案的具体建议。

记住，对方对大思维一无所知。他们可能对其中一个或多个步骤有些经验，因为大思维本就模拟了创意和创新产生的过程。但很少有人意识到这些步骤，即使他们在遵循这些步骤时也是如此。假设对方对此并不知晓，不要告诉他们你的创意是怎么来的。开门见山，告诉他们这一创意是什么。

你的目的是向他人说明问题是什么、你的解决方案是什么，以及为什么这对你很重要。直截了当地对他们说:"我可以告诉你我的创意,看看你觉得怎么样吗?"注意,即使是这样中性的开场白,也可能会让他们得出结论:这个创意听起来"不错",或者"糟糕"。所以,在你用之前对自己说过的话陈述和描述你的想法之后,在他们有机会投"赞成"或"反对"票之前,迅速提出下一个问题。

那么你到底要问什么问题呢?你当然不能说:"你看到了我看到的东西吗?"因为他们不可能知道你看到了什么,他们只知道自己看到了什么。而且,你提出的问题不能与一般反馈问题相差太大,否则他们会花很长时间来弄清你的问题到底是什么意思。有一个简单的方法,可以帮助从他们的头脑中找出对大思维最有用的东西。我们称之为"什么可行"。

你:我能向你描述一下我的创意吗?

回答:当然可以。

你:(描述创意)

然后问:

- 这里面什么可行?为什么?
- 什么不可行?为什么?
- 你会如何改进这个创意?

要想得到有意义的答案,你需要与那些可能在某种程度上了解并关心这个创意的人交谈。要找到这些人,你也可以使用创意协助中用到的技巧来解决第三只眼测试步骤中遇到的这些问题。一个专家会引出另一个专家。尽管你努力保持表述的中立,但如果有人说他们喜欢或不喜欢你的想法,你还是不要感到惊讶。这种意见通常的意思是"如果我站在你的立场上……"。当然,他们会做的和你会做的是不同的,因为你们有着不同的愿望、能力和知识。因此,请明确你说的是你自己的情况。你不是在问他们会怎么做来解决这个问题。

有些人会把你的问题听成"这个创意可行吗"。他们可能会急于就此发表意见。无论他们在该领域多么专业,没有人能预测未来,尤其是关于新创意的未来。因此,如果他们就这个创意是否可行发表意见(他们大多会说新创意行不通),请礼貌地倾听,然后把他们带回到你的问题上来。你问的不是总体想法,你要问的是哪些部分可行,哪些部分不可行,以及他们是否有任何改进建议。这些问题对大多数人来说都不寻常,所以你可能需要重复几次才能让对方理解。

在讨论中不做评判也会减少偏见。如果对方只是想"我不喜欢这个想法",他们就会遵循这种偏见,给你列出一长串行不通的地方。而如果对方真的说他们不喜欢这个想法,那么你就会跟着自己的偏见走,对他们说的其他东西都不屑一顾。这就是"证真偏差"造成的双重不利因素。

除了我们提出的三个问题,还要准备回答其他问题,并视需要更充分地解释你的想法。这些对话可能会比你预期的时间更长,对此要有所准备。这通常是件好事,因为这可以让你讲得更深入。在这种情况下，你可能会深入你的选择地图，并对你如何基于某个策略解决一个或多个子问题进行解释。解释时尽量做到自然流畅，不着痕迹，而不是给他们正儿八经地介绍大思维方法。

谈话之后立即分析每一次谈话。他们是否对子问题做出了你没有预料到的假设？他们是否发现了你忽视的子问题？他们是否提出了新的策略？你是否应该用不同的策略取代当前的策略？对你的组合，他们是否指出了一种不同的思考方式？你对自己创意的构思可能会因此有哪些变化？

像之前说的那样，不断重复，直到你不再获得新的有意义的输入，你对这个创意的理解也不再发生变化为止。这时，你就可以在第三只眼测试的步骤中获得下一种形式的反馈了。

回放

我要你闭上眼睛，想象一只狗——可以是任何狗，也许是你最喜欢的狗。

现在想象那只狗穿了一条裤子。是的，想象一下狗穿着裤子的样子。我要你拿出一张纸，画那只穿裤子的狗。然后看看你画的是什么。

你画的狗是高是矮？是长是短？毛色是浅是深？那裤子呢？是两条腿穿裤子还是四条腿都穿？你给裤子上色了吗？裤子是单色，还是有圆点、条纹或其他图案？有腰带、吊带或纽扣吗？裤腿的长度是多少？

我已经让数以千计的学生做过这个练习。他们画的狗有的只后腿穿裤子，有的只前腿穿裤子，有的四条腿穿一条裤子，有的则前腿后腿分穿两条裤子。裤子有多种颜色、款式、设计，甚至材质——如灯芯绒。狗的种类更是五花八门：短腿的，长腿的，短尾巴的，长尾巴的，没有尾巴的，短毛的，长毛的，短耳朵的，长耳朵的，短鼻子的，长鼻子的。实际上，关于穿裤子的狗应该是什么样子的，网上一直争论不休。

"画一只穿裤子的狗"，这个指令看似简单。但不同的人想象的狗和裤子都不一样，因此两者的组合更是千奇百怪。我们可能会认为，当我们在脑海中看到某样东西并大声说出来时，其他人也会见我们所见。可是从狗和裤子的例子来看，唯一的办法就是看他们画了什么。在大思维中，我们无法看到他人脑海中形成的画面。因此，我们无法知道他们是否理解了我们的想法。

我们倾向于认为，我们所认为的事实就是事实。已故社会心理学家李·罗斯称这种现象为"素朴实在论"。我们认为我们是合乎逻辑的、客观的、理性的——因此我们的分析、判断和决定是准确的。所以我们认为，如果他人也是合乎逻辑的、客观的、理性的，他们就会同意我们的观点，就会见我们所见。但事实恰恰相反。每个人的大脑都是不同的，每个人的生活经历也有所不同，每个人的欲望和知识更是有别。你可能认为自己很现实，也就是说，你的想法与现实相符，但这是不可能的。这种想法只是你对现实的诠释，而它永远与别人的不同。

当两个国家在世界杯上对阵时，两国的球迷都会谴责裁判没有判罚对方球队的所有犯规行为，且每个球迷都不约而同地发誓称裁判对他们的球队有偏见。当对武装冲突持相反政治观点的两个群体观看同一个媒体电视节目时，每一方都认为记者对他们的观点持有偏见。对每个可能存在分歧的话题，情况都是如此。

人类的感知始终是主观的。伊曼努尔·康德关于这一主题的开创性著作《纯粹理性批判》的成书可追溯到1781年。从那时起，心理学家便对这同一主题的无数变体进行了形式上的持续记录。尽管对此加以分析的历史如此悠久，可人们仍然会告诉你，当他们说出自己的想法时，他们是客观的。你无法直接与人讨论这个主客观的问题，但使用主观语言会有所帮助：这在你的脑海中唤起了什么？它给你什么感觉？它引发了你怎样的思考？你不需要他们冷冰冰的分析，你要尽可能多地了解听众是如何体验你的创意的。

在第三只眼测试的这一阶段，你会通过他人的第三只眼来完善你对自己的问题的理解。我称之为"回放"。你可以和不同的人尤其是非专家一起做这件事。首先，在5分钟内解释你的创意，然后告诉他们"听你把我的创意描述给我听，对我很有帮助"。

请注意，这与"什么可行"式反馈有很大不同。回放是一种更简短的对话，分为两个部分。当然，你希望他们马上给你回应。

然后，你只需说声谢谢，不要进一步讨论。一两天后，再问他们一次。但这一次，不要让他们重复你自己的描述，可以说：“已经过了一天了，不知道你还记得什么。如果你能把我的创意描述给我听，对我来说会很有帮助。"不要事先告知他们你会这样做。你要让第二次询问出乎意料。

如果对方来自你的问题所在领域，那么两次提问的间隔时间要长一些。可以是一周，甚至一个月。这是因为他们自己具备的知识和兴趣会引导他们之后思考这个创意。等待这种思考逐渐平息。你需要留出一段时间让他们完全不再思考这个问题，这样他们在被问到时就必须回想并记起这个问题。

回放可以告诉你关于你的创意的一些信息。在这一阶段，你能很好地传达你的创意吗？你的创意中最令人难忘的是什么？其他人对该创意表现了什么样的情感？他们是热情、厌烦还是怀疑？这不是测试他们对你的创意记得有多准确，而是揭示你的创意让人们记住了什么，以及为什么会这样。

当你倾听别人向你描述你的创意时，他们记忆中的这一创意自然会出现一些缺口。他们不会保留你的创意中他们不认可的那部分——这就是你的收获。你的回放伙伴如果不认可你的创意中的某个碎片，他们就会改变这一碎片，以便用自己熟悉的东西填补不熟悉的东西。你描述的内容与对方回馈给你的内容之间的这一差异一旦进入你的视野，就将为你打开新的大门。用纽约大学的神经学家约瑟夫·E. 勒杜的话来说——"增加的联系更像是树枝上的新芽，而不是新枝"。

我们使用回放，是因为它能帮助我们扩展和构建，而反馈只是为了征求意见而设计的。回放之所以独特，是因为我们现在明白，"学习"更多意味着对已有模式的识别和扩展，而不是潦草地重复之前的内容。突出你所构建的独特模式（你当前的创意），并继续一点一滴地迭代，将为你取得更大的成功奠定基础。

记忆不是现实的镜子，它是对现实的重构。这是理解"学习+记忆"模式的基石。对你住过的每一所房子，或是看过的每一个邮箱，你的脑子里并没有一幅巨细靡遗的快照。当你在脑海中组织这个概念时，你有的是一些不断组合和重组的碎片。这种重构过程自带创造性。正如我们从埃里克·坎德尔那里了解到的那样，我们的大脑会自然而然地对模式进行修改和编辑——这个过程不仅针对回忆单幅图像，还会扩展到更大、更抽象的概念。

20世纪30年代，英国心理学家弗雷德里克·巴特利特爵士让人们听其他国家的民间故事，然后日后请他们回忆这些故事。正如你可能猜到的，陌生故事的记忆效果不如熟悉故事。然而，更令人惊讶的是，记忆中的错误并不是随机的。相反，被试经常在自己的脑海中重写故事的相似部分，尤其是对他们来说最没有意义的部分。巴特利特总结说，当面临问题时，人类会利用心理图式，或在大脑"架子"上存放的知识，来填补记忆中的任何细小空白（或可能的子问题）。因此，记忆实则是一个基于过去经验的想象过程。

同样，这一步骤允许你改变你的创意和表达方式。如果人们不记得你最想让他们记住的东西，始终误解你的创意，或者未能表现出任何你希望你的创意激起的情感，那么就相应地调整你所说的话。这可能会改变你的创意陈述，可能会改变你的选择地图，可能会改变你整幅选择地图上的某些部分——这些都是有用的。这些都是完善与提炼过程的一部分。这一步进行得越巧妙，你的想法就会越清晰、越简洁。

第三只眼测试

我们在第三只眼中的前三个练习，首先通过你自己的眼睛，然后通过别人的眼睛，逐渐扩大了你为自己的解决方案带来的观点的范围。我们最后的练习将这一系列行动再向前推进了一步。你得要求他人完全自由地重新构想你的创意。

"学习＋记忆"的自然重组趋势导致人们对任何新创意都会产生一种非常普遍的反应。你告诉别人你的想法，他们会说："如果我是你的话……"而第三只眼的最后一个阶段恰恰鼓励了人类的这种倾向：重新设想我们从别人那里听到的创意。

首先，完整描述你的解决方案。然后请他们按照自己认为最好的方式进行修改。你可以提出一些澄清性的问题，但仅此而已。这不是一场关于他们的版本和你的版本孰优孰劣的辩论。你的目的是了解他们的设想。

和几个人进行这个步骤，然后研究他们给出的不同版本。你将从中获得启发，从而调整自己的解决方案和对它的描述方式，甚至更透彻地理解它。

现在，你了解了别人是如何看待和设想你的创意所具备的所有可能性的，这让你拥有了"第三只眼"。当你着手将自己的创意变为现实时，你永远无法预料会发生什么，包括它是否会成功。但你可以明确的是，在这个过程中的每一步，在你做出一个又一个选择的时候，每次遇到问题或障碍，你都可以回到我们的这六个步骤，并将它们用在你需要的地方。

恭喜你！现在，你已经完成了大思维的六个步骤。在经历这一切之后，你再次回顾第一步中的激情测试，扪心自问："我是否仍然对我所解决的问题感到兴奋？我是否看到了这个想法，它是否值得追求？"如果这些问题的答案仍是响亮的"是！"，那么现在就是实施的时候了。

大思维的六个步骤是我自己使用这一方法时总结出来的。我所面临的问题是如何利用我们对创造性思维的现有了解，创造一种人们可以使用的实用方法。现在，既然你已经知道如何自己完成这些步骤，你就可以像我一样反复使用大思维方法。这样做的过程中，你的技巧和勇气都会得到提升。借助这些工具，我希望你能获得更大的格局，让那些你曾经认为遥不可及的梦想最终成真。

关于"大创意"

我们的叙述从弗雷德里克·巴托尔迪和他的自由女神像开始，也将以此结束。在1886年10月28日的揭幕仪式上，他是否意识到了他的雕塑在今天所承载的重大意义？

巴托尔迪最初的想法是通过自己的创作来颂扬美国人的自由理想以及他们在独立战争和南北战争中取得的胜利。而另一位艺术家埃玛·娜莎罗其则将自由女神像重新塑造成一座灯塔，一座为抵达这一港口的移民指引更美好生活的灯塔，甚至早在她那首著名诗歌中的标志性"蜷缩身躯"意象诞生之前便如此了。巴托尔迪生活的法国正努力追寻法国大革命的自由理想，而娜莎罗其则是葡萄牙宗教裁判所的移民难民的后裔。两人因同一件艺术作品而释放了迥然不同的想象力，以不同的方式为其鲜活的历史做出了各自的贡献。

接着登场的是第三位富有创意的思想家——乔治娜·斯凯勒。斯凯勒家族是可追溯到纽约建城早期的一个古老荷兰家族，有着显赫的家世——乔治娜的曾祖父是亚历山大·汉密尔顿。乔治娜是一位有影响力的慈善家和艺术赞助人。娜莎罗其的诗歌是斯凯勒为自由女神像筹款而委托创作的众多诗歌之一，她后来发起了一场将这首诗歌镌刻到自由女神像基座上的运动，并于1903年即雕像正式开放17年后成功做到了这一点。她将雕像和诗歌进行的创造性组合使两者相得益彰，并有效地扩大了这两者对后世的影响。

归根结底，一个伟大的创意诞生于其他人看到这个创意，与之产生共鸣，并将其变成自己的创意之时。每个目睹这一创意的人都将自己的理解融入其中，从而使这个创意本身远远超出了最初的创新者的设想。

自由女神之所以被称为一个伟大创意，并不是因为人们建造她所付出的努力，也不是因为雕像所占据的位置，更不是因为埃玛·娜莎罗其在雕像基座上留下的动人诗句。她之所以被称为伟大创意，是因为她对每一个看到她的人来说都有着不同的意义，同时却仍然不失其普世性。自由女神的理念远远超出了向人们展示他们可以成为什么样的人这一象征意义。她激发人们的潜能，展现人们的梦想。每个人都为她赋予了自己的意义，而她也将自身的意义映射给了每个人。数以百万计的移民之所以来到纽约港，是为了寻求更美好的生活。他们每个人都曾遥望自由女神，而当他们在这片新的土地上开始新的生活时，他们便与她产生了情感上的羁绊，进而为她创造了属于自己的意义——他们自己的故事也成了这个故事的一部分。时至今日，故事仍在延续，祖母们在进港时仍会对着自由女神发出惊叹，电影导演们会把自由女神像置于自身电影场景中的显眼位置，刚下飞机的人们会在清晨的阳光下凝视着她所散发的霓虹般的光芒，就像我在无数次清晨的骑行时所经历的那样。

作为创新者，我们都想以类似的方式缔造一个伟大的创意。我们都想让思维破局而出，不拘一格。虽然作为个体创造者的你无法预测未来，但你可以做到以下这些。你可以明确你想要解决的问题。你也可以明确自己为什么想要解决这个问题。你还可以努力理解为什么解决这个问题对你来说是有价值的，以及你提出的解决方案是如何奏效的。如果你能做到这些，那么你便是在实施大思维方法。也许有一天，你会发现，当他人看到你的创意背后的意图，并将其内化到他们自己的生活中，以解决他们自己的问题时，渐渐地，这个创意就会不断扩大、迭代，不断破局而出，并越发伟大。

我知道，本书中所涉及的所有"大"，有时可能会令人生畏。而在某种程度上，知道世界上所有的革命性创新都是由熟悉的元素组成的，即使未必令我们释然，也是一种安慰。它让我们明白，创新之所以如此难以捉摸，是因为我们一直找错了方向。我们不能创造新的元素，我们只能将旧元素一再组合而已。

正如马克·吐温所说："没有所谓的新想法。这是办不到的。我们只是把很多旧的想法放进一个精神的万花筒里。让它们在万花筒里转上一转，就会产生新奇的组合。我们不断地转动，创造无穷无尽的新组合，但构成它们的仍是那些历经沧桑的老旧彩色玻璃碎片。"

当我们知道某人在某时某地已经找到了拼凑出我们下一个伟大创意所需的大部分（即便不是全部）拼图碎片时，我们就能为自己找到庇护所和灵感。毕竟，如果牛顿能够站在巨人的肩膀上改变他的世界，那么我们为什么不能善用我们已经掌握的知识，找到独特的解决方案组合，来让我们的世界变得更好呢？所以，保持好奇吧——因为你收集拼图碎片的时间越长，拼出全图就越容易。

现在,你已知晓了一个隐藏在众目睽睽之下的大秘密:我们的大脑是如何拼凑组合出最佳创意的。所以,下次遇到问题的时候,拿起你的"万花筒",转动几下,开始"大思维"吧。

致　谢

从最初的灵感到最终的定稿,《大思维》花了将近十载的时间。一路走来,我得到了很多人的帮助,在此无法一一言谢,只能择其部分。

比尔·达根,感谢他开创性地将学习和记忆的新科学应用于创造性思维与创新的理论和实践。

卡尔·布莱恩·霍顿,我的博士生,也是我的得力助手,感谢他为《大思维》今日的成书所做的贡献,也感谢他帮助我创建了许多练习,正是这些练习充实了大思维课程和本书。

格伦·哈伯德,时任哥伦比亚商学院院长,感谢他任命我为创业中心的项目学术主任,这为我的创新研究打下了坚实的基础。

克雷格·哈特科夫,我的挚友、翠贝卡电影节的创始人之一,感谢他很早就帮助我让大思维成为一种实用工具,而不仅仅是一项学术练习。

哥伦比亚商学院现任院长科斯蒂斯·马格拉拉斯,以及副院长乔纳·罗克夫、肯特·丹尼尔和马莉娅·梅森,感谢他们为我在课堂上测试大思维提供了制度、知识和道义上的支持,又给了我足够时间来撰写本书。也要感谢管理分部的两任主席亚当·加林斯基和斯蒂芬·迈耶。

感谢我在管理系的同事们从他们的研究和非正式谈话中给了我大量的想法，尤其是王丹（音译）、莫杜佩·阿基诺拉、马莉娅·梅森（再次感谢）、亚当·加林斯基（再次感谢）和已故的大好人凯西·菲利普斯。

《大思维》还借鉴了其他大量研究人员的研究成果。在此，我仅列举几位与我有私交的研究人员，他们对我的帮助更是超出了他们发表的研究成果的范围：梅拉妮·布鲁克斯、布赖恩·卢卡斯、奥利维尔·图比亚、奥代德·内策、贾斯廷·伯格、吉塔·乔哈尔、雅各布·戈登堡、史蒂文·斯洛曼、布拉德·斯通、哈里·韦斯特、埃里克·坎德尔、理查德·阿克塞尔、特里萨·阿马比尔、马克·莱珀和约瑟夫·勒杜。

感谢三位重要的创新者接受了我的个人采访：保罗·麦卡特尼爵士、伊森·布朗和劳埃德·特罗特。

感谢辉瑞公司 CEO 艾伯乐向我引荐了菲利普·多米策和亚历山德拉·古尔曼，感谢后两位向我讲述了 mRNA 疫苗的故事。

感谢 NASA 的斯泰茜·博兰向我讲述了呼吸机的故事。

感谢德博拉·杜根帮助我获得这些采访机会，并处处向我展示创新的力量。

感谢格雷格·肖为书中比尔·盖茨的故事提供了专业知识和建议。

我的大思维课程受益于帮助学生理解如何应用这个方法的诸

位专业教员：迈克尔·科斯塔、沙尔达·切尔沃、肖恩·比特尼克和朱莉·哈里斯。特别感谢尼尔·戈弗雷，我的得力助手，大思维导师的导师。感谢道格·梅因不知疲倦地增加了学习和了解大思维方法的人数。

感谢哥伦比亚商学院的各位创新研究员为大思维课程的学生们提供了持续的支持：文斯·蓬佐、琼·阿弗莱克、迈克尔·奥尔巴克、帕梅拉·贝尔、迈克尔·科斯塔、图斯·达鲁瓦拉、德博拉·杜根、马克斯·恩格尔、R.A.法罗赫尼亚、迈克尔·弗兰克、尼尔·戈弗雷、汤姆·希格比、萨拉·霍蒂贝克、杰克·卡哈纳、沙阿·卡里姆、切奇·库兹曼、道格拉斯·梅因、米林德·梅赫尔、爱德华多·梅斯特雷、戴维·帕克、瑞安·里格、热姆·罗伯逊-拉瓦勒、马内什·萨加尔、乔安妮·威尔逊、埃德·齐默尔曼、斯泰茜·鲁克拉默、马坦·格里费尔、理查德·哈里斯、阿尔弗雷德·德勒韦斯、多米尼克·科雷亚莱、埃文·宾斯托克、库纳尔·苏德、帕梅拉·贝尔、乔·施奈尔、马库斯·布劳克利、戴维·彭、尼克·格纳特、尼灿·赫蒙、蒂法尼·彭、鲍勃·弗里德曼、霍普·泰茨、梅利娜·德内贝姆、乔纳森·马里纳、布朗·约翰逊、伍迪·德里格斯、米歇尔·布罗加尔、帕梅拉·霍恩、梅根·克罗斯·布里登、戴维·比尔、沙姆·穆斯塔法、布里安娜·费里尼奥、阿利·苏里纳·狄克逊、埃米·墨菲、杰夫·拉戈马西诺、劳埃德·特罗特、马克·施奈德、卡罗莱娜·维埃加斯、肖恩·比德尼克、哈里·韦斯特、克里斯·赫博、利兹·林赛、肖恩·普伦德加斯特、乔奥·马蒂亚斯、特里·伦德格伦、乔纳森·克兰、马修·谢伊、巴里·扎尔茨贝格、艾丽斯·陈、布拉德·赫顿、斯科特·克莱蒙斯、乌达扬·博斯、艾拉·夏皮罗、马蒂姆·德梅洛、穆利·布卢斯瓦尔、阿莫尔·萨尔瓦、杰米·菲亚科夫、李开复、苏珊娜·诺塞尔、穆雷达赫·赖利、沃尔特·莫斯伯格、雅各布·施莱辛格、吉塔·森努尼、杰夫·库克、凯文·奇尔顿、贾米尔·谢赫、维贾伊·阿加沃尔、莫莉·希梅尔斯坦、玛丽·多诺霍、扎比内·盖德克、斯特纳、拉杰·马赫什瓦里、马克·布鲁克斯、伊丽莎白·埃利、米克洛斯·萨尔瓦利、哈罗德·平卡斯、雷特·戈弗雷、克里斯蒂·克里什托夫斯基、尼克·戈格蒂、肖内特·罗谢尔、海伦·费希尔、马修·巴伦。

创新沙龙让大思维课程的学生得以接触全球范围内各种创新的新思路。马库斯·布劳克利帮助招募了演讲者。感谢他和所有演讲者：斯科特·克莱蒙斯、沃尔特·莫斯伯格、劳埃德·特罗特、布拉德·赫顿、保罗·弗朗西斯、马克·洛尔、马修·谢伊、特里·伦德格伦、艾拉·夏皮罗、苏珊娜·诺塞尔、雅各布·施莱辛格、马库斯·布劳克利、王丹、李开复博士、J. B. 洛克哈特、丹·法雷尔、J. 艾伦·布拉克、肖恩·普伦德加斯特、海伦·费希尔、阿曼达·布拉德福德、莉萨·克兰皮特、马克·布鲁克斯、杰夫·库克、米克洛斯·萨瓦里、罗杰·麦克纳米、尼克·格纳特、克里斯·布里特、保罗·约翰逊、尼克·戈格蒂、贾米尔·谢赫、（退役的）凯文·奇尔顿将军、扎比内·斯特纳、约迪·麦克莱恩、马修·巴伦、克里斯·迈耶、哈里·韦斯特、霍德·利普森、史蒂文·罗森布什、欧文·库拉·拉比、蒂姆·瑞安、彼得·卡尔迪尼、亚斯明·赫德博士、亚历克斯·哈利迪爵士、伊森·布朗、达维德·布莱、安妮·鲍尔、杰罗姆·佩森蒂、丹尼·迈耶、泽维尔·罗莱特、卡拉·斯威舍、杰夫·希尔、玛丽·简·麦奎林、安·福克斯、凯尔·戈弗雷、凯特琳·拉克鲁瓦、迪伊·查拉曼、沙姆·穆斯塔法、利兹·格劳萨姆、萨姆·沙茨、霍克·纽瑟姆、奇沃纳·纽瑟姆、埃德·齐默尔曼。

感谢我的博士生迈克·怀特、吉纳维芙·格里戈里奇和埃丽卡·贝利在课堂上和课堂外的辩论中帮助完善了大思维的方法。

感谢我的研究助理肖恩·卡奇马雷克、埃莉诺·本特利、乔丹·安特比和阿利·辛克莱在整个大思维项目中提供了大力协助。

感谢两位高中实习生科里·布鲁克斯和纳拉·萨尼亚协助了研究工作，并担任读者和评论员。

感谢杰克·卡哈纳和简·西蒙帮助进行了视觉设计。

感谢朱丽安娜，我的双人自行车伙伴，在沿哈得孙河往返自由女神像的骑行路途中，我都是由她一路陪伴的。

感谢安东尼·贾尔斯，我的挚友，他扮演着治疗师的角色，激励我勇往直前。我还指望着你能用你的音乐天赋帮我写出《大思维》的主题歌。

感谢出版商迈尔斯·汤普森，他不遗余力地帮助本书做到最好。

感谢我的母亲，感谢您对我无尽的鼓励和信任。

感谢贾丝明，我的姐妹，感谢你一直陪在我身边。

还要特别感谢安德鲁·马克斯博士,我为了撰写本书而冷落你无数个小时,感谢你没有因此和我分手。

最重要的是,我要感谢我的数百名大思维课程学生,是你们让这个方法鲜活如斯。

参考书目

"106 Must-Know Startup Statistics for 2022." *Embroker*, 14 July 2022, https://www.embroker.com/blog/startup-statistics/.

Adelson, Warren. 2007. *Sargent's Women*. New York: Adelson Galleries.

"Alex F. Osborn, 77, a Founder and Officer of B.B.D.& O., Dies; Advertising Man Developed 'Brainstorming Sessions' and 'Creative Thinking'." 1966. *New York Times*, May 6. https://www.nytimes.com/1966/05/06/archives/alex-f-osborn-77-a-founder-and-officer-of-bbd-o-dies-advertising.html.

Andriani, Pierpaolo, Ayfer Ali, and Mariano Mastrogiorgio. 2017. "Measuring Exaptation and Its Impact on Innovation, Search, and Problem Solving." *Organization Science* 28(2): 320–338.

Archibald, T. 2019. "What's the Problem Represented to Be? Problem Definition Critique as a Tool for Evaluative Thinking." *American Journal of Evaluation* 41(1): 6–19.

Ash, Ivan, and Jennifer Wiley. 2006. "The Nature of Restructuring in Insight: An Individual-Differences Approach." *Psychonomic Bulletin & Review* 13: 66–73.

Baer, Markus, Kurt Dirks, and Jackson Nickerson. 2013. "Microfoundations of Strategic Problem Formulation." *Strategic Management Journal* 34(2):197–214.

Barlow, Christopher. 2000. "Deliberate Insight in Team Creativity." *Journal of Creative Behavior* 34(2): 101–117.

"BBDO Advertising & Marketing Profile." 2019. Adbrands Archive. https:// www.adbrands.net/archive/us/bbdo-us-p.htm.

The Beatles. 2000. *The Beatles Anthology.* San Francisco: Chronicle.

Berley, R. 2017. "A Treatise on the History of Ice Cream in Philadelphia." The Franklin Fountain, March 6. http://www.franklinfountain.com/our-history/a-treatise/.

Beratan, Kathi K. 2019. "Improving Problem Definition and Project Planning in Complex Natural Resource Management Problem Situations Using Knowledge Brokers and Visual Design Principles." *Ecology and Society* 24(2): 31.

Berg, Justin. 2014. "The Primal Mark: How the Beginning Shapes the End in the Development of Creative Ideas." *Organizational Behavior and Human Decision Processes* 125(1): 1–17.

Besserve, Emmanuel. 2020. "Beyond Meat: Analysis of a Successful Marketing Strategy." Quinoa Marketing, September 4. https://quinoamarketing.com/beyond-meat-analysis-of-a-successful-marketing-strategy/.

Bever, Thomas G., and Robert J. Chiarello. 2009. "Frequency and Correlates of Involuntary Emotional . . ." *Psychiatry Online: Neuropsychiatry Classic.*

Birdi, Kamal. 2007. "A Lighthouse in the Desert? Evaluating the

Effects of Creativity Training on Employee Innovation." *Journal of Creative Behavior* 41(4): 249–270.

Blanchet, Christian, and Bertrand Dard. 1985. *Statue of Liberty: The First Hundred Years.* Boston: Houghton Mifflin.

Boland, Stacey. 2021. Interview with Iyengar, Sheena. New York, November 3.

"Bombshell:The Hedy LamarrStory:Hedy Lamarrand HowardHughes'Rlationship." 2021. Public Broadcasting Service, December 2. https://www.pbs.org/wnet/americanmasters/hedy-lamarr-howard-hughes-relationship/10134/.

Bossing, Jan. 2018. "Inventing Women." Medium, July 24. https://medium.com/@JanBossing/inventing-women-53fe5724ec42.

Bragoli, Caterina. 2022. "The Legacy of a Parisian Scandal: John Singer Sargent's 'Portrait of Madame X.'" Varsity Online, March 15. https://www.varsity.co.uk/arts/19813.

Brown, Ethan. 2020. Interview with Iyengar, Sheena. New York.

Brucks, Melanie and Szu-chi Huang. 2021. "The Creativity Paradox: Soliciting Creative Ideas Undermines Ideation." *Journal of Marketing Research.*

Brucks, Melanie and Szu-chi Huang. 2018. "The Pursuit of Creativity in Idea Generation Contests." Paper presented at the Winter American Marketing Association (AMA), New Orleans, LA.

Büyükdamgacı, G. 2003. "Process of Organizational Problem Definition: How to Evaluate and How to Improve." *Omega* 31(4): 327–338.

Byun, Seo-Young, Laura Bosch, María del Carmen Triana, and Tanja

Rabl. 2020. "Diversity Management Efforts as an Ethical Responsibility: How Employees' Perceptions of an Organizational Integration and Learning Approach to Diversity Affect Employee Behavior." *Journal of Business Ethics* 161(3): 531–550.

Chae, David H., Sean Clouston, Mark L. Hatzenbuehler, Michael R. Kramer, Hannah L. F. Cooper, Sacoby M. Wilson, Seth I. Stephens-Davidowitz, Robert S. Gold, and Bruce G. L. Link. 2015. "Association Between an Internet-Based Measure of Area Racism and Black Mortality." *PLoS One* 10(4): e0122963.

Chamorro-Premuzic, Thomas. "Why Group Brainstorming Is a Waste of Time."*Harvard Business Review*, March 25, 2015. https://hbr.org/2015/03/why-group-brainstorming-is-a-waste-of-time.

Chodos, Alan. "June 10, 1941: Hedy Lamarr and George Antheil Submit Patent for Radio Frequency Hopping." American Physical Society. Accessed March 16, 2022. https://www.aps.org/publications/apsnews/201106/physicshistory.cfm.

Christensen, Clayton. 2013. *The Innovator's Dilemma: When New Technologies Cause Great Firms to Fail*. Boston: HarperCollins.

Clay, Zanna, and Claudio Tennie. 2018. "Is Overimitation a Uniquely Human Phenomenon? Insights from Human Children as Compared to Bonobos." *Child Development* 89(5): 1535–1544.

Cole, Lauran. 2017. "Right Brain—Left Brain Test: MentalUP." MentalUP.co. September 22. https://www.mentalup.co/blog/right-brain-left-brain-test.

Cooper, Mary Beth. 2015."Springfield College." *Springfield College,*

December 16. https://springfield.edu/where-basketball-was-invented-the-birthplace-of-basketball.

Couzin, Iain, Christos C. Ioannou, Güven Demirel, and Thilo Gross. 2011."Uninformed Individuals Promote Democratic Consensus in Animal Groups." *Science* 334(6062): 1578–1580.

Cringely, Robert X. *Accidental Empires*. New York: Harper Collins, 1992.

Damasio, Antonio. 2000. *The Feeling of What Happens: Body and Emotion in the Making of Consciousness*. Boston: Mariner.

Desjardins, Audrey, and Wakkary, Ron. 2013. "Manifestations of Everyday Design: Guiding Goals and Motivations." *Proceedings of the 9th ACM Conference on Creativity & Cognition* (June): 253–262.

"Developed Ventilator Authorized by FDA for Emergency Use." NASA, April 30, 2020. https://www.jpl.nasa.gov/news/nasa-developed-ventilator-authorized-by-fda-for-emergency-use.

Dormitzer, Phil. 2021. Interview with Sheena Iyengar. New York, September 24.

"DPMA: Albert Einstein." Deutsches Patent-und Markenamt, April 4, 2022. https://www.dpma.de/english/our_office/publications/milestones/greatinventors/einstein/index.html.

Duggan, William. 2013. *Creative Strategy: A Guide for Innovation*. New York: Columbia University Press.

Duggan, William. 2013. *Strategic Intuition: The Creative Spark in Human Achievement*. New York: Columbia University Press.

Duggan, Bill, and Malia Mason. 2011. "Strategic Intuition," *Handbook of Intuition Research,* ed. Marta Sinclair. Northampton, MA: Edward Elgar.

Eden, Colin. 1994. "Cognitive Mapping and Problem Structuring for System Dynamics Model Building." *System Dynamics Review* (Autumn): 257–276.

Edwards, Betty. 1981. *Drawing on the Right Side of the Brain.* New York: Penguin.

Emrich, Ron. 2007. "Bell Labs: Birthplace of the Transistor and Cell Phone at Risk." Bell Labs: Birthplace of the Transistor and Cell Phone at Risk | The Cultural Landscape Foundation, August. https://tclf.org/content/birthplace-transistor-and-cell-phone-risk.

Fuegen, Kathleen, and Nicole F. Endicott. 2010. "Evidence of Shifting Standards in Judgments of Male and Female Parents' Job-Related Ability." *Current Research in Social Psychology* 15(5).

Fleming, Lee, Santiago Mingo, and David Chen. 2007. "Collaborative Brokerage, Generative Creativity, and Creative Success." *Administrative Science Quarterly* 52(3): 443–475.

Ford, Henry. 1922. *My Life and Work.* New York: Garden City Publishing.

Franklin Institute. "Case Files: Henry Ford," n.d.

"Frédéric-Auguste Bartholdi." National Parks Service. U.S. Department of the Interior, August 17, 2021. https://www.nps.gov/stli/learn/historyculture/frederic-auguste-bartholdi.htm.

Fülöp-Miller, R. 2016. *Gandhi, the Holy Man.* Haryana, India: Rudransh Prakashan.

Furr, Nathan, and J. P. Eggers. 2019. "Behavioural Innovation and

Corporate Renewal." *Strategic Management Review* 2(2): 285–322.

Gable, Shelly L., Elizabeth Hopper, and Jonathan Schooler. 2019. "When the Muses Strike: Creative Ideas of Physicists and Writers Routinely Occur During Mind Wandering." SAGE *Journal* 30(3): 396–404.

Gaser, Christian, and Gottfried Schlaug. 2003. "Brain Structures Differ between Musicians and Non-Musicians." *Journal of Neuroscience* 23(27): 9240–9245.

Gates, Bill. 1996. *The Road Ahead*. New York: Viking.

Geake, J. G. 2005. "The Neurological Basis of Intelligence: Implications for Education: An Abstract." *Gifted and Talented* 9(1): 8.

Geake, J. G. 2006. "Mathematical Brains." *Gifted and Talented* 10(1): 2–7.

Gelderman, Carol. 1999. "Henry Ford." *Encyclopædia Britannica*.

George, Alice. 2019. "Thank This World War II-Era Film Star for Your Wi-Fi." Smithsonian Institution, April 4. https://www.smithsonianmag.com/smithsonian-institution/thank-world-war-ii-era-film-star-your-wifi-180971584/.

Godart, Frederic, William Maddux, Andrew Shipilov, and Adam Galinsky, Adam. 2015. "Fashion with a Foreign Flair: Professional Experiences Abroad Facilitate the Creative Innovations of Organizations." *Academy of Management Journal* 58(1): 195–220.

Godin, Benoit. 2017. *Models of Innovation: The History of an Idea*. Cambridge, MA: MIT Press.

Goldberg, E., and L. D. Costa. 1981. "Hemisphere Differences in the

Acquisition and Use of Descriptive Systems." *Brain Language* 14(1): 144–173.

Goldberger, Paul. 2013. "Exclusive Preview: Google's New Built-from-Scratch Googleplex." *Vanity Fair*, February 22. https://www.vanityfair.com/news/tech/2013/02/exclusive-preview-googleplex.

Granovetter, Mark S. 1973. "The Strength of Weak Ties." *American Journal of Sociology* 78(6): 1360–1380.

Griffin, Dale W., and Lee Ross. 1991. "Subjective Construal, Social Inference, and Human Misunderstanding." *Advances in Experimental Social Psychology* 24: 319–359.

Gruszka, Aleksandra, and Edward Nęcka. 2017. "Limitations of Working Memory Capacity: The Cognitive and Social Consequences." *European Management Journal* 35(6): 776–784.

Guha, R. 2018. "How the Suffragettes Influenced Mahatma Gandhi." *Hindustan Times*,February24,2018.https://www.hindustantimes.com/columns/how-the-suffragettes-influenced-mahatma-gandhi/story-d64CK-d7REk1AF41JQdUtfN.html

Hahn, William, and Thomas L. Powers. 2010. "Strategic Plan Quality, Implementation Capability, and Firm Performance." *Academy of Strategic Management Journal* 9(1): 63–82.

Hanappi, Hardy, and Edeltraud Hanappi-Egger. 2004. *New Combinations: Taking Schumpeter's Concept Serious*. MPRA Paper 28396, University Library of Munich, Germany.

Hansell, Saul. 2003. "Overture Services to Buy Altavista for $140 Million." *New York Times*,February19.https://www.nytimes.com/2003/02/19/

business/technology-overture-services-to-buy-altavista-for-140-million.html.

Hargadon, Andrew, and Robert I. Sutton. 1996. "Brainstorming Groups in Context: Effectiveness in a Product Design Firm." *Administrative Science Quarterly* 41(4): 685–718.

Harrison, Spencer H., and Karyn Dossinger. 2017. "Pliable Guidance: A Multilevel Model of Curiosity, Feedback Seeking, and Feedback Giving in Creative Work." *Academy of Management Journal* 60(6): 2051–2072.

Hass, R. G. 1984. "Perspective Taking and Self-Awareness: Drawing an E on Your Forehead." *Journal of Personality and Social Psychology* 46(4): 788–798.

Heath, Chip. 2007. *Made to Stick: Why Some Ideas Survive and Others Die*. New York: Random House.

Heath, Chip, and Dan Heath. 2013. *Decisive: How to Make Better Choices in Life and Work*. New York: Random House.

Henneke, Daniel, and Christian Lüthje. 2007. "Interdisciplinary Heterogeneity as a Catalyst for Product Innovativeness of Entrepreneurial Teams." *Creativity and Innovation Management*: Hoboken, NJ: Wiley.

"Henry Ford: Founder, Ford Motor Company," The Henry Ford Museum, n.d.

Hicks, Jason, Joshua Landau, and Richard Marsh. 1997. "Contributions of Inadequate Source Monitoring to Unconscious Plagiarism During Idea Generation." *APA PsychNet* 23(4): 886–897.

Higgins E. T., M. Rossignac-Milon, and G. Echterhoff. 2021. "Shared Reality: From Sharing-Is-Believing to Merging Minds." *Current Directions in Psychological Science* 30(2): 103–110.

Higgins, Tory. 2019. *Shared Reality: What Makes Us Strong and Tears Us Apart.* Oxford: Oxford University Press.

Hill, Taylor. 2020. "How Engineers at NASA JPL Persevered to Develop a Ventilator." NASA. May 14. https://www.jpl.nasa.gov/news/how-engineers-at-nasa-jpl-persevered-to-develop-a-ventilator.

"How Basketball History (and Basketball) Was Made in Springfield, Mass., in 1891." 2018. *New England Historical Society*, January 18. https://www.newenglandhistoricalsociety.com/how-basketball-history-made-springfield-mass-1891/.

Huang, Laura, and Jone Pearce. 2016. "Managing the Unknowable: The Effectiveness of Early-Stage Investor Gut Feel in Entrepreneurial Investment Decisions." *Administrative Science Quarterly* 60(4): 634–670.

Hume, David. 1993. *An Enquiry Concerning Human Understanding.* Indianapolis, IN: Hackett Publishing Company.

Iyengar, Sheena. 2010. *The Art of Choosing.* New York: Scribner.

Iyengar, Sheena S., and Mark R. Lepper. 2010. "When Choice Is Demotivating: Can One Desire Too Much of a Good Thing?" *Journal of Personality and Social Psychology* 79(6): 995–1006.

"JPL's Response to Covid-19." NASA. Accessed March 16, 2022. https://medeng.jpl.nasa.gov/covid-19/ventilator/registration/.

Kahneman, Daniel. 2011. *Thinking, Fast and Slow.* New York: Farrar, Straus, and Giroux.

Kahneman, Daniel, and Amos Tversky. 1982. *Judgment under Uncer-*

tainty: Heuristics and Biases. New York: Cambridge University Press.

Kahneman, Daniel, and Amos Tversky. 1996. "On the Reality of Cognitive Illusions: A Reply to Gigerenzer's Critique." *Psychological Review* 103: 582–591.

Kahneman, Daniel, and Amos Tversky. 2000. *Choices, Values and Frames*. New York: Cambridge University Press.

Kandel, Eric. 2012. *The Age of Insight: The Quest to Understand the Unconscious in Art, Mind, and Brain, from Vienna 1900 to the Present*. New York: Penguin Random House.

Kandel, Eric, Brenda Milner, and Larry Squire. 1998. "Cognitive Neuroscience and the Study of Memory." *Neuron* 20(3): 445–468.

Kang, M. J., M. Hsu, I. M. Krajbich, G. Loewenstein, S. M. McClure, J. T. Y. Wang, and C. F. Camerer. 2009. "The Wick in the Candle of Learning: Epistemic Curiosity Activates Reward Circuitry and Enhances Memory." *Psychological Science* 20(8): 963–973.

Kaplan, Soren. 2017. "The Business Consulting Industry Is Booming, and It's About to Be Disrupted." Inc.com. September 11. https://www.inc.com/soren-kaplan/the-business-consulting-industry-is-booming-and-it.html.

Kholer, Wolfgang. 1925. *The Mentality of Apes*. New York: Liveright.

Klein, Gary. 1999. *Sources of Power: How People Make Decisions*. Cambridge: MIT Press.

Knapp, Jakel. 2016. *Sprint: How to Solve Big Problems and Test New Ideas in Just Five Days*. New York: Simon & Schuster.

Knowles, Scott G., and Stuart W. Leslie. 2001. "'Industrial Versailles':

Eero Saarinen's Corporate Campuses for GM, IBM, and AT&T." *JSTOR* 92 (1): 1–33.

Koenig, Helmut. 1986. "Tracing the Roots of a Grand Lady: The Statue of Liberty," *Chicago Tribune*, May 4.

Korzilius, Hubert, and Joost Bücker. 2017. "Multiculturalism and Innovative Work Behavior: The Mediating Role of Cultural Intelligence." *International Journal of Intercultural Relations* 56: 13–24.

Koyré, A. 1952. "An Unpublished Letter of Robert Hooke to Isaac Newton." *Isis* 43(4): 312.

Kuhn, Thomas S. 1962. *The Structure of Scientific Revolutions*. Chicago: University of Chicago Press.

Kyff, Rob. 2020. "Do Brainstorms Cause Thunder and Enlightening?" Creators Syndicate, July 29. https://www.creators.com/read/rob-kyff-word-guy/07/20/do-brainstorms-cause-thunder-and-enlightening.

Lahiri, Nadini. 2010. "Geographic Distribution of R&D Activity: How Does It Affect Innovation Quality?" *Academy of Management Journal* 53(5): 1194–1209.

Leahy, Wayne, and John Sweller. 2008. "The Imagination Effect Increases with an Increased Intrinsic Cognitive Load." *Applied Cognitive Psychology* 22(2): 273–283.

LeDoux, Joseph. 2003. *Synaptic Self: How Our Brains Become Who We Are*. London: Penguin.

Leung, Angela Ka-yee, William Maddux, Adam Galinsky, and Chi Yue Chiu. 2008. "Multicultural Experience Enhances Creativity: The When and

How." *The American Psychologist* 63: 169–181. https://www.researchgate.net/publication/5475757_Multicultural_Experience_Enhances_Creativity_The_When_and_How.

Li, Junchao, Delong Zhang, Aiying Liang, Bishan Liang, Zengjian Wang, Yuxuan Cai, Mengxia Gao, Zhenni Gao, Song Chang, Bingqing Jiao, Ruiwang Huang, and Ming Liu. 2017. "High Transition Frequencies of Dynamic Functional Connectivity States in the Creative Brain." *Scientific Reports* 7 (April 6).

Littman, Jonathan. 2001. *The Art of Innovation: Lessons in Creativity from IDEO, America's Leading Design Firm*. New York: Doubleday.

Lucas, Brian, and Loran Nordgren. 2016. "Think You're Out of Creative Ideas? Think Again." Kellogg Insight, March 7. https://insight.kellogg.northwestern.edu/article/think-youre-out-of-creative-ideas-think-again.

Lucas, Brian, and Loran Nordgren. 2015. "People Underestimate the Value of Persistence for Creative Performance." *Journal of Personality and Social Psychology* 109(2): 232–243.

Lyles, M. A. 1981. "Formulating Strategic Problems: Empirical Analysis and Model Development." *Strategic Management Journal* 2: 61–75.

Lynch, Robert. *The Practical Guide to Joint Ventures and Corporate Alliances: How to Form, How to Organize, How to Operate*. Hoboken, NJ: Wiley, 1989.

"Madame X (Madame Pierre Gautreau)." Metmuseum.org. The Metropolitan Museum of Art. Accessed March 16, 2022. https://www.metmuseum.org/art/collection/search/12127.

Malament, D. B. 2002. *Reading Natural Philosophy: Essays in the History and Philosophy of Science and Mathematics*. Chicago: Open Court.

Manes, Stephen, and Paul Andrews. 1993. *Gates: How Microsoft's Mogul Reinvented an Industry—and Made Himself the Richest Man in America*. New York: Simon and Schuster.

Martinique, Elena. 2020. "Portrait of Controversy—Madame X by John Singer Sargent." Widewalls, December. https://www.widewalls.ch/magazine/john-singer-sargent-madame-x.

Mason, Malia, Michael Norton, John Van Horn, Daniel Wegner, Scott Grafton, and C. Neil Macrae, 2007. "Wandering Minds: The Default Network and Stimulus-Independent Thought." *Science* 315(5810): 393–395.

Massey, Anne, and R. M. O'Keefe. 1993. "Insights from Attempts to Validate a Multi-Attribute Model of Problem Definition Quality." *Decision Sciences* 24(1): 106–125.

McCartney, Paul. 2021. Interview with Sheena Iyengar. New York, February 10.

McMillan, R., S. B. Kaufman, and J. L. Singer. 2013. "Ode to Positive Constructive Daydreaming." *Frontiers in Psychology* 4: 626.

Meyer, Meghan L., Hal Hershfield, Adam Waytz, Judith Mildner, and Diana Tamir. 2019. "Creative Expertise Is Associated with Transcending the Here and Now." *Journal of Personality and Social Psychology* 116(4): 483–494.

Miller, Arthur. 2012. "Henri Poincaré: The Unlikely Link between Einstein and Picasso." *The Guardian*, July 17. https://www.theguardian.com/

science/blog/2012/jul/17/henri-poincare-einstein-picasso.

Minto, Barbara. "The Minto Pyramid Principle: Logic in Writing, Thinking and Problem Solving." McKinsey & Company, n.d.

"Nancy Johnson—Inventor of the Ice Cream Freezer." inventricity. Accessed March 16, 2022. https://www.inventricity.com/nancy-johnson-inventor.

National Federation of the Blind. 1994. "If Blindness Comes: Independent Travel." nfb.org//sites/default/files/images/nfb/publications/books/ifblind/ifblnd04.htm.

Newton, Sir Issac. 2003. *Quæstiones quædam philosophiæ* (*Certain Philosophical Questions*). Cambridge: Cambridge University Library.

Nielsen J. A., B. A. Zielinski, M. A. Ferguson, J. E. Lainhart, and J. S. Anderson. 2013. "An Evaluation of the Left-Brain vs. Right-Brain Hypothesis with Resting State Functional Connectivity Magnetic Resonance Imaging." *PLoS One* 8(8): e71275.

Nijstad, Bernard, Carsten de Dreu, Eric Rietzschel, and Matthjis Baas. 2010. "The Dual Pathway to Creativity Model: Creative Ideation as a Function of Flexibility and Persistence." *European Review of Social Psychology* 21(1): 34–77.

Noah, Tom, Yaacov Schul, and Ruth Mayo. 2018. "When Both the Original Study and Its Failed Replication Are Correct: Feeling Observed Eliminates the Facial-Feedback Effect." *Journal of Personality and Social Psychology* 114(5): 657–664.

Nutt, Paul C. 1999. "Surprising but True: Half the Decisions in

Organizations Fail." *Academy of Management Executive* 13(4): 75–90.

Nutt, Paul C. 2004. "Why Decisions Fail: Avoiding the Blunders and Traps That Lead to Debacles." San Francisco: Berrett-Koehler.

Ober, Josiah. 2008. *Democracy and Knowledge: Innovation and Learning in Classical Athens.* Princeton, NJ: Princeton University Press.

O'Neal, Jim. 2016. "Louis Jordan." Blues Foundation, November 10. https:// blues.org/blues_hof_inductee/louis-jordan/.

Osborn, Alex. 1942. *How to Think Up.* New York: McGraw-Hill.

Osborn, Alex. 1979. *Applied Imagination: Principles and Procedures of Creative Thinking.* New York: Scribner.

Ovington, L. A., A. J. Saliba, C. C. Moran, J. Goldring, and J. B. MacDonald. 2018. "Do People Really Have Insights in the Shower? The When, Where and Who of the Aha! Moment." *Journal of Creative Behavior* 52(1): 21–34.

Pager, Devah, Bart Bonikowski, and Bruce Western. 2009. "Discrimination in a Low-Wage Labor Market: A Field Experiment." *American Sociological Review* 74(5): 777–799.

Parrotta, Pierpaolo, Dario Pozzoli, and Mariola Pylitkova. 2014. "Labor Diversity and Firm Productivity." *European Economic Review* 66 (C): 144–179.

PBS: The American Experience. "Ford Installs the First Moving Assembly Line," n.d.

Piper, Kelsey. 2021. "A No-Beef Diet Is Great—But Only If You Don't Replace It with Chicken." Vox, May 22. https://www.vox.com/future-perfect/22430749/beef-chicken-climate-diet-vegetarian.

Poincaré, Henri. 1913. *The Foundations of Science: Science and Hypothesis, the Value of Science, Science and Method.* Lanham, MD: University Press of America.

Prelec, Dražen, Seung, Sebastian, and McCoy, John. 2017. "A Solution to the Single-Question Crowd Wisdom Problem." *Nature* 541(7638): 532–535.

Raymond, Eric S. 1999. *The Cathedral and the Bazaar: Musings on Linux and Open Source by an Accidental Revolutionary.* Sebastopol, CA: O'Reilly Media.

Readmikenow. 2019. "The Game of Basketball Was Created by James Naismith." HowTheyPlay, January 23. https://howtheyplay.com/team-sports/The-Game-Of-Basketball-Was-Created-By-James-Naismith.

Ricci, Tom. 2012. "Henry Ford." *The American Society of Mechanical Engineers*, May 6.

Rhodes, Richard. 2011. *Hedy's Folly: The Life and Breakthrough Inventions of Hedy Lamarr, the Most Beautiful Woman in the World.* New York: Doubleday.

Rodriguez, Ashley. 2017. "Netflix Was Founded 20 Years Ago Today Because Reed Hastings Was Late Returning a Video." Quartz, August 29. https://qz.com/1062888/netflix was founded-20-years-ago-today-because-reed-hastings-was-late-a-returning-video/.

"Root Cause Analysis." Wikipedia. Wikimedia Foundation, January 30, 2022. https://en.wikipedia.org/wiki/Root_cause_analysis.

Ross, Lee, and Andrew Ward. 1996. "Naive Realism: Implications for Social Conflict and Misunderstanding." In *Values and Knowledge*, ed. Terrance Brown and Edward S. Reed, 103–135. Mahwah, NJ: Lawrence Erlbaum.

Ross, L. D., T. M. Amabile, and J. L. Steinmetz. 1977. "Social Roles, Social Control, and Biases in Social-Perception Processes." *Journal of Personality and Social Psychology* 35(7): 485–494.

Rozenblit, Leonid, and Frank Keil. 2002. "The Misunderstood Limits of Folk Science: An Illusion of Explanatory Depth." *Cognitive Science* 26(5): 521–562.

Ruiz, G., and Sánchez, N. 2014. "Wolfgang Köhler's *The Mentality of Apes* and the Animal Psychology of His Time." *Spanish Journal of Psychology* 17: E69.

Salganik, Matthew J., Peter Sheridan Dodds, and Duncan J. Watts. 2006. "Experimental Study of Inequality and Unpredictability in an Artificial Cultural Market." *Science* 311(1572): 854–856.

Salovey P., and J. D. Mayer. 1990. "Emotional Intelligence." *Imagination, Cognition and Personality* 9(3): 185–211.

Salzar, Maritza Salazar, Jennifer Feitosa, and Eduardo Salas. 2017. "Diversity and Team Creativity: Exploring Underlying Mechanisms." *Group Dynamics: Theory Research and Practice* 21(4): 187–206.

Schumpeter, Joseph. 1911. *The Theory of Economic Development: An Inquiry into Profits, Capital, Credit, Interest, and the Business Cycle*. Boston: Harvard University Press.

Schumpeter, Joseph A. 2008. *Capitalism, Socialism, and Democracy*.

New York: HarperCollins.

Scipioni, Jade. 2021. "Beyond Meat CEO Hangs Posters with Critics' Negative Comments in His Office: 'You Have to Let It Fuel You.'" CNBC, May 20. https:// www.cnbc.com/2021/04/27/beyond-meat-ceo-ethan-brown-on-letting-critics-energize-you.html.

Seo, Myeong-Gu, and Lisa Feldman Barrett. 2007. "Being Emotional During Decision Making—Good or Bad? An Empirical Investigation." *Academy of Management Journal* 50(4): 923–940.

"Seven Years a 'Cobbler.'" Einstein at the Patent Office—Swiss Federal Institute of Intellectual Property. IGE IPI. Accessed April 11, 2022. https:// www.ige.ch/en/about-us/the-history-of-the-ipi/einstein/einstein-at-the-patent-office.

Shah, C., K. Erhard, H. J. Ortheil, E. Kaza, C. Kessler, and M. Lotze. 2013. "Neural Correlates of Creative Writing: An fMRI Study." *Human Brain Mapping* 34(5): 1088–1101.

Shearer, Stephen. 2010. *Beautiful: The Life of Hedy Lamarr*. New York: St. Martin's.

Shin, Shung J., and Jing Zhou. 2007. "When Is Educational Specialization Heterogeneity Related to Creativity in Research and Development Teams? Transformational Leadership as a Moderator." *Journal of Applied Psychology* 92(6): 1709–1721.

Simon, Herbert. 1989. *Models of Thought*, vol. 2. New Haven, CT: Yale University Press.

Slater, Robert. 1998. *Jack Welch & the GE Way: Management Insights* and *Leadership Secrets of the Legendary CEO*. New York: McGraw-Hill.

Sloman, Steven, and Philip Fernbach. 2017. *The Knowledge Illusion: Why We Never Think Alone*. New York: Penguin Random House.

Spurling, Hillary. 1998. *The Unknown Matisse: A Life of Henri Matisse: The Early Years,* 1869–1908. New York: Knopf.

Sternberg, Robert, and James C. Kaufman. 2019. *The Cambridge Handbook of Creativity*. Cambridge: Cambridge University Press.

Soda, Giuseppe, Pier Vittorio Mannucci, and Ronald S. Burt 2021. "Networks, Creativity, and Time: Staying Creative through Brokerage and Network Rejuvenation." *Academy of Management Journal* 64(4).

Somech, Anit, and Anat Drach-Zahavy. 2013. "Translating Team Creativity to Innovation Implementation: The Role of Team Composition and Climate for Innovation." *Journal of Management* 39(3): 684–708.

Stein, Gertrude. 1913. *The Autobiography of Alice B. Tolkas*. New York: Vintage.

Stevens, Victoria. 2014. "To Think without Thinking: The Implications of Combinatory Play and the Creative Process for Neuroaesthetics." *American Journal of Play* 7(1): 99–119.

"The Story of Shiva's Third Eye and Its Hidden Symbolism." Sadhguru, Isha Foundation website, February 23, 2021. https://isha.sadhguru.org/mahashivratri/shiva/shivas-third-eye-its-hidden-symbolism/.

Strong, E.W. 1970. "Barrow and Newton." *Journal of the History of Philosophy* 8(2): 155–172.

Subiaul, F. 2016. "What's Special About Human Imitation? A Comparison with Enculturated Apes." *Behavioral Sciences* 6(3): 13.

Talavera, Lilly. 2020. "Beyond Meat's Competitive Advantage, Market Driver, and the Future of the Company." Medium, October 26. https://medium.com/petite-marketing-branding/beyond-meats-competitive-advantage-market-driver-and-the-future-of-the-company-628912e9723c.

Taylor, S. E., L. B. Pham, I. D. Rivkin, and D. Armor. 1998. "Harnessing the Imagination: Mental Simulation, Self-Regulation, and Coping." *American Psychologist* 53(4): 429–439.

Topolinski, Sascha, and Rolf Reber. "Gaining Insight into the "Aha" Experience." *Current Directions in Psychological Science* 19(6): 402–405.

Thrash, Todd M., Laura A. Maruskin, Scott E. Cassidy, James W. Fryer, and Richard M. Ryan. 2010. "Mediating between the Muse and the Masses: Inspiration and the Actualization of Creative Ideas." *Journal of Personality and Social Psychology* 98(3): 469–487.

Toubia, Olivier, and Oded Netzer. 2016. "Idea Generation, Creativity, and Prototypicality." *Marketing Science* 36(1): 1–20.

Trachtenberg, Marvin. 1976. *The Statue of Liberty*. New York: Viking.

Trachtman, Paul. 2003. "Matisse & Picasso." Smithsonian Institution, February 1. https://www.smithsonianmag.com/arts-culture/matisse-picasso-75440861/.

Treisman, Anne, and Garry Gelade. 1980. "A Feature-Integration Theory of Attention." *Cognitive Psychology* 12(1): 97–136.

Trotter, Lloyd. 2020. Interview with Sheena Iyengar. New York, June 1.

Tversky, Amos, and Daniel Kahneman. 1986. "Rational Choice and the

Framing of Decisions." *Journal of Business* 59: S251–S278.

Tversky, Amos, and Daniel Kahneman. 1981. "The Framing of Decisions and the Psychology of Choice." *Science* 211: 453–458.

Uhlmann, Eric, and Geoffrey L. Cohen. 2005. "Constructed Criteria: Redefining Merit to Justify Discrimination." *The Association for Psychological Science* 16(6): 474–480.

Uğurbil, Kâmil. 2012. "Development of Functional Imaging in the Human Brain (fMRI); the University of Minnesota Experience." *Neuroimage* 62(2): 613–619.

"United States Department of the Interior: National Park Service." National Register for Historic Places Nomination. Accessed March 16, 2022. https:// www.nj.gov/dep/hpo/1identify/nr_nomntns_07_16_2015/Bell%20 Labs.pdf.

"Useful Travel Tips for the Blind and Visually Impaired: Blog." IBVI, January 14, 2020. https://ibvi.org/blog/useful-travel-tips-for-the-blind-and-visually-impaired/.

Violaris, Maria. 2020. "Einstein at the Patent Office." *The Oxford Scientist*, April 26. https://oxsci.org/einstein-at-the-patent-office/.

Wallace, James, and Jim Erickson. 1993. *Hard Drive: Bill Gates and the Making of the icrosoft Empire*. New York: HarperCollins.

Waltdisney.org. 2017. "Josh Meador: Walt's Animation and Special Effects Master." Walt Disney Family Museum, October 11, 2017. https://www.waltdisney.org/blog/josh-meador-walts-animation-and-special-effects-master.

Wang, Dan J. 2019. "Toward a Unified Theory of Internal Innovation and Strategic Renewal: Comment on Furr & Eggers and Miller." *Strategic Management Review* 2(2): 355–361.

Weisberg, Robert. 2009. "On 'Out-of-the-Box' Thinking in Creativity." In *Tools for Innovation*, ed. Arthur Markman and Kristin Wood. Oxford Scholarship Online.

Weiss, Laura. 2011. *Ice Cream: A Global History.* London: Reaktion.

Welsh, David, John Bush, Chase Thiel, and Julena Bonner. 2019. "Reconceptualizing Goal Setting's Dark Side: The Ethical Consequences of Learning Versus Outcome Goals." *Organizational Behavior and Human Decision* 150: 14–27.

West, Rebecca. 1913. "Androcles and the Lion." *The New Freewoman: An Individualist Review* 1(7).

Workie, Blane. 2018. "Equal Access in Air Travel for the Blind: Raising Expectations from the United States Department of Transportation." National Federation for the Blind, October.

Yang, Z., and I. W. Hung. 2021. "Creative Thinking Facilitates Perspective Taking." *Journal of Personal Social Psychology* 120(2): 278–299.

Yun, Molly. 2013. "Ice Cream: An American Favorite Since the Founding Fathers." Public Broadcasting Service. Accessed March 16, 2022. https://www.pbs.org/food/features/ice-cream-founding-fathers/.

Zak, Paul J. 2015. "Why Inspiring Stories Make Us React: The Neuroscience of Narrative." *Cerebrum: The Dana Forum on Brain Science* 2(Jan.-Feb.): 2.